PHRASAL VERBS

QUE CAMBIARÁN TU INGLÉS

AF192958

Libro

Autor: Michael A. Lennard
Coordinación Editorial: Richard Brown, David Waddell
Traducción: Elena Araújo, María Lujan, Michael Lennard, Greg Stanford, Lidia Están y
Marta Martínez
Diseño y maquetación: www.marialujan.es
Ilustraciones: www.marialujan.es

Audio

Locución: David Waddell, Kathleen Hershner, Daniel Escudero, Juan Gómez Canseco,
Alberto Alonso, Ximena Holiday,Richard Brown, Lucía Fraile, Michael Lennard
Sonido: Ignacio Carvajal, Martín Gamarra, Manuel Manzano, Víctor García

© Vaughan Systems S.L.U., 2015
Edificio Eurobuilding, 2, 1ª Planta
Calle Orense, 69
28020 Madrid
Tel.: 91 748 59 50
Fax: 91 556 42 21
www.grupovaughan.com

Dep. Legal: B-12158-2015

Imprime:
ROTÄBOOK

Disfruta mientras aprendes con este pack :
¡El Inglés es Divertido! ¡No podrás parar de reír!

Si el inglés es algo que siempre te ha parecido difícil y aburrido, éste es tu pack. ¡Con estos 3 libros y 4 CDs aprenderás con risas, sorpresas y nada de esfuerzo! Descubrirás curiosidades del inglés, los significados de las palabras que llevas toda la vida oyendo, frases útiles y ocurrentes para cualquier situación y muchísimo más. ¡Te enganchará!

Este pack incluye:
This Book is the Milk!, This Book is the ReMilk!!, English Everywhere!!!, Everyday English CD 1 y Everyday English CD 2.

¡Y todo esto por tan solo 49.95 €! ¿Listos para pasarlo genial?

¡Consíguelo ya!

Promoción especial de www.vaughantienda.com

vaughantienda@grupovaughan.com · www.vaughantienda.com · C/ Orense 69, 1ª planta, 28020 Madrid

PHRASAL VERBS

QUE CAMBIARÁN TU INGLÉS

Michael A. Lennard

CONTENIDO

SOBRE EL LIBRO:

PHRASAL VERBS:

CÓMO UTILIZAR
ESTE LIBRO

Todo el mundo está obsesionado con los malditos 'phrasal verbs'. Este libro ha sido diseñado para ayudarte a mejorar tu habilidad en el uso de los verbos compuestos y, sobre todo, tu capacidad verbal .

LAS LISTAS:

Con cada 'phrasal verb' nuevo, presentamos una lista de diez frases para que te familiarices con el verbo en cuestión.

LAS HISTORIAS:

Las historias que aparecen en cada sección contienen múltiples ejemplos del mismo verbo y suponen una buena manera de consolidar el aprendizaje de una vez por todas.

LAS PREGUNTAS:

¡No hagas trampas copiando literalmente de la historia! Utiliza un lápiz e intenta responder de memoria antes de leer el texto. Compara tus respuestas con las que encontrarás al final del libro.

Y por supuesto, ¡no contestes con una sola palabra como "sí" o "no"! Siempre hay que construir frases completas.

¿QUÉ ES UN 'PHRASAL VERB'?

¡Que no cunda el pánico! Un 'phrasal verb' es un verbo como cualquier otro. La única diferencia es que lleva un apéndice, una partícula o preposición (en este libro hablaremos exclusivamente de preposiciones para simplificar) que nunca cambia. No tienen mas historia. Hay que aprenderlos y ganar agilidad oral con ellos como con cualquier otro verbo. ¡Y punto!

En muchos casos el significado de un 'phrasal verb' no tiene nada que ver con el verbo de base. Por ejemplo:

TO BLOW significa SOPLAR

TO BLOW UP significa AMPLIAR, HINCHAR y VOLAR (¡no soplar arriba!)

Siempre indicamos las formas principales (presente, pasado simple y participio perfecto) de cada verbo en la cabecera de la página derecha.

Recuerda: Son verbos, nada más. No te apuntes a la psicosis colectiva respecto a ello, que afecta a la mayoría de la población española.

ALGUNAS CONSIDERACIONES

Después de su significado, las dos cosas más importantes que debes saber sobre un 'phrasal verb' son:

1. Si es **TRANSITIVO** o **INTRANSITIVO**
2. Si es **SEPARABLE** o **INSEPARABLE**

Las dos páginas siguientes están dedicadas enteramente a estos espantosos términos gramaticales.

Phrasal Verbs
TRANSITIVOS

Los 'phrasal verbs' transitivos **requieren un complemento directo** para que la frase tenga sentido. Es decir, la acción del verbo **afecta directamente al complemento directo**.

| SUJETO | VERBO | COMPLEMENTO DIRECTO |

Como ves, en este caso el verbo afecta directamente al tostador. Pero, sin el complemento directo, esta frase no tendría sentido.

Phrasal Verbs
INTRANSITIVOS

Los 'phrasal verbs' intransitivos **no llevan complemento directo**. Así, el verbo se refiere sólo al sujeto.

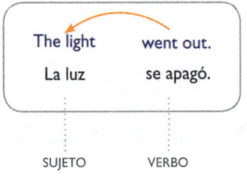

| SUJETO | VERBO |

Aquí, el verbo 'apagarse' se refiere sólo a 'la luz', el sujeto.

TEN CUIDADO, porque hay 'phrasal verbs' que pueden emplearse transitiva o intransitivamente. ¡Ojo con estos verbos!

Phrasal Verbs
SEPARABLES

¡El candado está abierto! El verbo y la preposición no forman una entidad inseparable. Es decir, que SÍ se pueden separar pudiendo haber un sustantivo o pronombre en medio.

Cuando el complemento directo es un **SUSTANTIVO**, éste puede colocarse:

I. Entre el VERBO y la PREPOSICIÓN: **2.** Después de la PREPOSICIÓN:

Hand **THE TESTS** out.

VERBO   PREPOSICIÓN

Hand out **THE TESTS**.

VERBO

PREPOSICIÓN

PERO

Cuando el complemento directo es un **PRONOMBRE** éste ha de colocarse entre el VERBO y la PREPOSICIÓN.

Hand **THEM** out.

VERBO   PREPOSICIÓN

Hand out ~~THEM~~.

VERBO

PREPOSICIÓN

Phrasal Verbs
INSEPARABLES

¡Están cerrados con candado! Con INSEPARABLE queremos decir que **NO** se puede 'separar' el verbo de la preposición, por lo que no puede haber nada en medio.

Get in **THE CAR**.

VERBO

PREPOSICIÓN

Get ~~THE CAR~~ in.

VERBO

PREPOSICIÓN

De todos modos, si todavía no te han quedado claros estos conceptos, no te preocupes. Volveremos a hablar de ellos a lo largo del libro.

EN ESTE LIBRO

SIGNIFICADOS MÚLTIPLES:

Si un 'phrasal verb' tiene múltiples significados, no los encontrarás en la misma página, pero sí en sus páginas respectivas del libro.

Además, centrándote en una sola acepción a la vez resulta ser mucho más eficaz.

LOS SÍMBOLOS:

A lo largo de este libro encontrarás varios símbolos que te proporcionarán información importante sobre cada 'phrasal verb'.

LOS SÍMBOLOS

Los candados te dirán si un 'phrasal verb' es separable  o inseparable

Fíjate
Te daremos trucos prácticos sobre gramática.

Recuerda que
No dejaremos que te olvides de nada.

¡TEN CUIDADO!
...con los errores más comunes.

Escribe aquí las respuestas.

 ¡Bien! Ni se te ocurra...

TO CATCH UP
TO PICK UP
HANG UP TO COME U
TO START U
TO USE
TO GIV

UP

TO PICK UP 🔓

RECOGER
IR A BUSCAR A ALGUIEN
COGER EL TELÉFONO

1. Tengo que **recoger** mi traje de la tintorería. .... I need to pick up my suit from the dry cleaner's.

2. ¿De dónde tienes que **recogerlo**? .... Where do you have to pick it up from?

3. Debería haberlo **recogido** ayer. .... I should have picked it up yesterday.

4. No me **cogen** (el teléfono). .... They're not picking up.

5. **Recoge** tus juguetes, por favor. .... Pick your toys up, please.

6. Tengo que **ir a buscarle** a las 19:00. .... I have to pick him up at 7:00pm.

7. ¿Adónde tienes que **ir a buscarle**? .... Where do you have to pick him up from?

8. Tengo que **recogerlo** en el aeropuerto. .... I have to pick him up at the airport.

9. ¿No sería más fácil **recogerlo** en la estación? .... Wouldn't it be easier to pick him up at the station?

10. ¡Sería más fácil si no tuviera que **ir a buscarle**! .... It would be easier if I didn't have to pick him up!

EL FAVOR

De camino a casa desde el trabajo, Peter **recogió** el periódico *The Times*. Mientras lo estaba leyendo, vio un anuncio de un apartamento en el que estaba interesado. Llamó al número pero nadie lo **cogió**, así que llamó a su hermana para que viniera a **buscarle** y llevarle a ver el apartamento. Ella lo **recogió** enfrente del banco y le llevó al apartamento. Le dijo que otro tendría que **ir a buscarle** cuando hubiera terminado porque ella tenía que **recoger** unas pizzas que había pedido para cenar.

THE FAVOUR

On his way home from work, Peter picked up a copy of *The Times*. As he was reading it, he saw an advertisement for an apartment he was interested in. He called the number but nobody picked up so he called his sister to have her come pick him up and take him to see the apartment. She picked him up opposite the bank and took him to the apartment. She told him that someone else would have to pick him up when he had finished because she had to go pick up some pizzas she had ordered for dinner.

Every day I pick up...
Yesterday I picked up...
Recently I've picked up...

UP
¡HACIA ARRIBA!

Y ahora, contesta

1. What did Peter pick up on his way home from work?

2. Who picked up the phone when Peter called the number in the ad?

3. Where did his sister pick him up from?

4. Who would have to pick him up after he had finished?

5. Why couldn't his sister pick him up again?

Recuerda que

Cuando el 'phrasal verb' es separable 🔓 y el complemento directo es un **PRONOMBRE**, éste ha de colocarse entre el VERBO y la PREPOSICIÓN.

Cuando el complemento directo es un **SUSTANTIVO**, éste puede colocarse entre el VERBO y la PREPOSICIÓN o después de la PREPOSICIÓN.

VERBO — PREPOSICIÓN
Pick **THEM** up

PREPOSICIÓN — VERBO
Pick up ~~THEM~~

VERBO — PREPOSICIÓN
Pick **YOUR TOYS** up

PREPOSICIÓN — VERBO
Pick up **YOUR TOYS**

TO FILL UP 🔓
LLENAR(SE)

1. Ella **llenó** su vaso de vino (de él)................................ She filled his glass up with wine.

2. No lo **llenes** más de la línea.................................... Don't fill it up past the line.

3. **Llénalo** sin plomo, por favor................................... Fill it up with unleaded, please.

4. Cuesta mucho **llenar** el tanque hoy en día................... It costs a lot to fill your tank up these days.

5. ¿Cuánto cuesta **llenar** un avión de combustible?........... How much does it cost to fill up a plane with fuel?

6. Ella **llenó** la bañera de agua caliente........................ She filled the bathtub up with hot water.

7. Él **llenó** su termo con sopa caliente.......................... He filled his Thermos flask up with hot soup.

8. Las plazas del curso **se están llenando** rápidamente....... Course places are filling up quickly.

9. Como buen artista, siempre intenta **llenar** el lienzo......... As an artist, he always tries to fill up the canvas.

10. Las habitaciones en ese hotel siempre **se llenan** rápido... The rooms in that hotel always fill up quickly.

SIN GASOLINA

La semana pasada Peter paró en una gasolinera para **llenar** el depósito. Sin embargo, cuando llegó no recordaba si tenía que **llenarlo** con diesel o con gasolina. Por suerte, el dependiente conocía a Peter y le recordó que solía **llenar** su coche con gasolina. Mientras el dependiente estaba **llenando** el coche, Peter fue al baño y decidió **llenar** su botella de agua mientras estaba allí. Un baño de gasolinera, probablemente, no era el mejor lugar para **llenarla** pero Peter odiaba pagar por el agua.

RUNNING ON EMPTY

Last week Peter stopped at a petrol station to fill his car up. However, when he got there, he couldn't remember if he had to fill it up with diesel or with petrol. Luckily the attendant knew Peter and reminded him that he usually filled his car up with petrol. While the attendant was filling up his car, Peter went to the bathroom and decided to fill up his water bottle while he was there. A petrol station bathroom probably wasn't the best place to fill it up but Peter hated paying for water.

Every day he fills up...
Yesterday he filled up...
Recently he's filled up...

Y ahora, contesta

1. Why did Peter stop at a petrol station?

    ....

2. What couldn't he remember?

   ....

3. What did the attendant remind Peter about?

   ....

4. What was the attendant doing while Peter went to the bathroom?

   ....

5. Why did Peter fill up his water bottle in a public bathroom?

   ....

Recuerda que

Habrás visto que siempre decimos 'to fill up something **WITH** something'.

Peter filled up his glass **WITH** milk.

Peter **llenó** su vaso **DE** leche.

She filled her bowl up **WITH** cereal.

Ella **llenó** su bol **DE** cereales.

Ten especial cuidado con esta segunda preposición ya que no es la misma que se emplea en español.

TO TURN UP 🔓
SUBIR (VOLUMEN ETC.)

1. ¡**Pon** la tele **más fuerte**! No la oigo................................. Turn the TV up! I can't hear it.

2. No **subas** tanto la música.. Don't turn the music up so loud.

3. ¿Podrías **subir** el ventilador? Hace calor.......................... Could you turn up the fan? It's hot.

4. Ella **subió** el volumen de su móvil................................. She turned up the volume on her mobile phone.

5. ¿Podrías **subir** la calefacción? Tengo frío........................ Can you turn the heating up? I'm cold.

6. No la **subas** a más de 20°... Don't turn it up higher than 20°.

7. ¡**Sube** la radio! Están echando el partido........................ Turn the radio up! The game's on.

8. Él **subió** el horno a 350°... He turned the oven up to 350°.

9. Nadie **subió** el volumen del micrófono........................... Nobody turned the microphone up.

10. Si **subes** tu mp3 más, te quedarás sordo........................ If you turn your mp3 player up any more, you'll go deaf.

LA ESTRELLA DE LA RADIO

Cuando Peter quiere **poner** la tele **más fuerte** lo único que tiene que hacer es pulsar un botón en el mando. Desafortunadamente, el sábado pasado no pudo **subir** el volumen porque había perdido el mando. No estaba preocupado porque pensó que había una manera de **subirlo** manualmente, pero su tele era nueva y sin el mando era imposible **subir** el volumen. Esto no podría haber pasado en un momento peor ya que había un partido de fútbol en la tele. Al final, Peter **subió** la radio para poder escucharlo mientras veía el partido en la tele.

RADIO STAR

When Peter wants to turn his TV up, all he has to do is push a button on the remote control. Unfortunately, last Saturday he couldn't turn up the volume because he had lost the remote control. He wasn't worried because he thought there was a way to turn it up manually, but his TV was a new one and without the remote control, it was impossible to turn up the volume. This couldn't have happened at a worse time since there was a football match on TV. In the end, Peter turned up the radio to be able to listen to it while he watched the match on TV.

UP
¡MÁS!

Every day you turn it up...
Yesterday you turned it up...
Recently you've turned it up...

Y ahora, contesta

1. What does Peter usually do to turn the volume up?

2. Why couldn't he turn it up last Saturday?

3. Why wasn't he worried?

4. Why couldn't Peter turn up the volume manually?

5. Why did he turn up the radio?

Recuerda que

Cuando el 'phrasal verb' es separable 🔓 y el complemento directo es un **PRONOMBRE**, éste ha de colocarse entre el VERBO y la PREPOSICIÓN.

Cuando el complemento directo es un **SUSTANTIVO**, éste puede colocarse entre el VERBO y la PREPOSICIÓN o después de la PREPOSICIÓN.

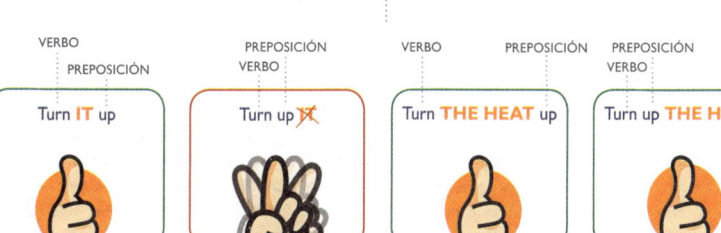

VERBO PREPOSICIÓN	PREPOSICIÓN VERBO	VERBO PREPOSICIÓN	PREPOSICIÓN VERBO
Turn **IT** up	Turn up ~~IT~~	Turn **THE HEAT** up	Turn up **THE HEAT**

TO BREAK UP 🔒 🔓

ROMPER CON ALGUIEN
SEPARARSE
DISPERSARSE

1. ¿Oíste que él ha **roto** con su novia?	Did you hear he broke up with his girlfriend?
2. ¿Por qué **rompieron**?	Why did they break up?
3. ¿Cuándo **rompieron**?	When did they break up?
4. ¿Quién **rompió** con quién?	Who broke up with who?
5. La banda **se separó** después de la gira.	The band broke up after their tour.
6. El matrimonio de Smith **se rompió** después de 15 años.	Smith's marriage broke up after 15 years.
7. ¿Por qué **se dispersó** la multitud?	Why did the crowd break up?
8. Ella le envió una carta para **romper** con él.	She sent him a letter to break up with him.
9. **Se separaron** y se fueron por caminos diferentes.	They broke up and went their separate ways.
10. Hay muchas **rupturas** de pareja después del verano.*	There are a lot of break-ups after summer.*

*Refiérase a la explicación en la página siguiente.

LOS TWERPS

El grupo favorito de Peter, 'Los Twerps', estuvieron dando un concierto cerca de su casa. Corría el rumor de que iban a **separarse** después del concierto, así que Peter estaba muy ilusionado por verlos. Había pensado ir con su amigo Larry, pero Larry acababa de **romper** con su novia y ya no quería ir. Al final, Peter fue solo y después del espectáculo decidió esperar hasta que la multitud **se dispersase** para preguntar a la banda si realmente iban a **separarse** o no. Le dijeron que el concierto había tenido tanto éxito que igual no **se separarían** después de todo.

THE TWERPS

Peter's favourite band, 'The Twerps' were playing a concert near his house. Rumour had it that they were going to break up after the concert so Peter was keen to see it. He had been planning to go with his friend, Larry, but Larry had just broken up with his girlfriend and didn't want to go any more. In the end, Peter went alone and after the show, he decided to wait until the crowd had broken up to ask the band if they were really breaking up or not. They told him that the concert had been such a big success that they might not break up after all.

Every day he breaks up...
Yesterday he broke up...
Recently he's broken up...

UP
¡TERMINA YA!

Y ahora, contesta

1. What was the rumour about The Twerps?

2. Why didn't Larry want to go to the concert any more?

3. What did Peter wait for the crowd to do after the concert?

4. What did he ask the band?

5. What did the band tell Peter?

*Fíjate

Muchas veces un phrasal verb' se convierte en un **SUSTANTIVO COMPUESTO**.
¡Éste es uno de estos casos! Simplemente es cuestión de unir las dos palabras.

> Was it a painful **BREAK-UP**?
> ¿Fue una **ruptura** dolorosa?

> What caused the **BREAK-UP**?
> ¿Qué causó la **ruptura**?

Pero no se puede convertir todos los 'phrasal verbs' en sustantivo.

TO END UP 🔒
TERMINAR
ACABAR

1. Él **terminó** casándose con ella.	He ended up marrying her.
2. **Acabaron** en Timbuktu.	They ended up in Timbuktu.
3. ¿Cómo demonios **acabaron** allí?	How on earth did they end up there?
4. Ella bebió demasiado y **acabó** en el hospital.	She drank too much and ended up in hospital.
5. No quiero **terminar** como ella.	I don't want to end up like her.
6. El pobre tío **acabó** sin hogar.	The poor guy ended up homeless.
7. El viaje **terminó** costando más de lo que pensaron.	The trip ended up costing more than they thought.
8. ¿Cómo hemos **acabado** aquí?	How did we end up here?
9. **Terminaron** bailando toda la noche.	They ended up dancing all night.
10. Ella **acabó** uniéndose a un circo ambulante.	She ended up joining a travelling circus.

AUTOESTOPISTAS

Cuando Peter iba a la Universidad, él y su amigo hicieron autoestop por Europa. Empezaron en París y **terminaron** viajando todo el camino hasta Frankfurt donde **acabaron** durmiendo en un parque. A la mañana siguiente se subieron a la parte trasera de un camión y tres días más tarde **terminaron** en Budapest. Allí, estaban tan cansados y hambrientos que **acabaron** pasando la noche en un hotel. La habitación sólo tenía una cama y Peter **terminó** durmiendo en el suelo. Resumiendo la historia, al final el viaje duró dos semanas.

HITCHHIKERS

When Peter was at university, he and a friend hitchhiked across Europe. They started in Paris and ended up getting a ride all the way to Frankfurt where they ended up sleeping in a park. The next morning they jumped on the back of a lorry and, three days later, ended up in Budapest. There, they were so tired and hungry that they ended up checking into a hotel for the night. The room only had one bed and Peter ended up sleeping on the floor. The trip ended up taking them a total of two weeks.

Every day she ends up...
Yesterday she ended up...
Recently she's ended up...

UP
¡TERMINA YA!

Y ahora, contesta

1.  Where did Peter and his friend end up after Paris?

. . . .

2. Where did they end up sleeping in Frankfurt?

. . . .

3. How did they end up in Budapest?

. . . .

4. Why did they end up checking into a hotel?

. . . .

5. Why did Peter end up sleeping on the floor?

. . . .

Fíjate

Un verbo que sigue inmediatamente a cualquier 'phrasal verb' ha de expresarse en gerundio
(verbo acabado en '-**ING**').

PHRASAL VERB

SUJETO   2º VERBO

Peter ended up GO**ING** to Rome.
Peter terminó **YENDO** a Roma.

SUJETO   2º VERBO
1º VERBO

TO GIVE UP 🔓
DEJAR (DE)

1. ¿Cuándo vas a **dejar de** fumar?...................... When are you going to give up smoking?
2. Ya he intentado **dejarlo** dos veces...................... I've already tried to give up twice.
3. ¿Cómo conseguiste **dejarlo**?...................... How did you manage to give up?
4. ¿No crees que ella debería **dejar de** beber?............ Don't you think she should give up drinking?
5. Él fue despedido porque no podía **dejar de** beber......... He was fired because he couldn't give up drinking.
6. Si tuvieras que **dejar** un vicio, ¿cuál sería?............ If you had to give up one vice, what would it be?
7. Él es demasiado débil para **dejar** nada.................. He's too weak-minded to give anything up.
8. He **dejado** la comida rápida para siempre................ I've given up fast food for good.
9. ¿Por qué **dejó** ella la gimnasia?...................... Why did she give up gymnastics?
10. Él **dejó de** tocar en una banda para ser médico......... He gave up playing in a band to become a doctor.

BUENOS PROPÓSITOS DE AÑO NUEVO

Antes del comienzo de cada año nuevo, Peter hace un nuevo propósito. Siempre tienen algo que ver con **dejar** algún tipo de mal hábito. Hace tres años él había jurado **dejar** la comida basura y el año pasado había intentado **dejar de** beber cerveza. El problema era que sólo lograba **dejar** estas cosas durante un mes o dos antes de recaer. Este año, Peter está empeñado en no fallar así que ha decidido **dejar de** hacer propósitos de año nuevo.

NEW YEAR'S RESOLUTIONS

Before the start of every new year, Peter makes a new year's resolution. They always have to do with giving up some sort of bad habit. Three years ago he had sworn to give up junk food and last year he had tried to give up drinking beer. The problem was that he could only manage to give these things up for a month or two before relapsing. This year Peter is determined not to fail so he has decided to give up making new year's resolutions.

Every day I give up...
Yesterday I gave up...
Recently I've given up...

UP

¡TERMINA YA!

Y ahora, contesta

1. What do Peter's new year's resolutions always involve?

....

2. What had he sworn to give up three years ago?

....

3. What had he tried to give up last year?

....

4. What was the problem with his new year's resolutions?

....

5. What is Peter going to give up this year?

....

 **Fíjate**

Recuerda que un verbo que sigue inmediatamente a cualquier 'phrasal verb' ha de expresarse en gerundio

(verbo acabado en '**-ING**').

PHRASAL VERB

SUJETO   2º VERBO

Peter gave up DRINK**ING**.
Peter dejó de **BEBER**.

SUJETO   2º VERBO
1º VERBO

TO HANG UP 🔓
COLGAR

1. Ella **colgó** el teléfono y se fue a la cama. . . . . She hung up the phone and went to bed.

2. Sonó otra vez justo después de que ella **colgara**. . . . . It rang again right after she had hung up.

3. **Colgaron** en cuanto ella contestó al teléfono. . . . . They hung up as soon as she answered the phone.

4. Asegúrate de que **colgaste** bien el teléfono. . . . . Make sure you hung up the phone properly.

5. Él **colgó** después del décimo tono. . . . . He hung up after the tenth ring.

6. ¿Te han **colgado** alguna vez el teléfono?* . . . . Have you ever been hung up on?*

7. Nunca me han **colgado** el teléfono.* . . . . I've never been hung up on.*

8. Steve suele **colgar** el teléfono a los vendedores.* . . . . Steve usually hangs up on telemarketers.*

9. Finalmente, él **colgó** sus botas a los 47 años. . . . . He finally hung up his boots at the age of 47.

10. Debería haberlas **colgado** hace una década. . . . . He should have hung them up a decade ago.

*Refiérase a la explicación en la página siguiente.

NO TE PREOCUPES TANTO

Peter había **colgado** el teléfono justo cuando volvió a sonar. Lo cogió, pero la persona al otro lado **colgó** sin decir palabra. Ésta no era la primera vez que alguien había **colgado** a Peter así que decidió llamar a la compañía telefónica para ver si ellos podían averiguar de dónde provenía la llamada. Marcó el número pero no ocurrió nada así que **colgó** y lo intentó otra vez. Esta vez el teléfono sonó y sonó, así que Peter **colgó** otra vez. En el tercer intento una mujer del departamento de atención al cliente contestó pero era tan borde que Peter le **colgó** el teléfono.

DON'T GET HUNG UP

Peter had just hung up the phone when it rang again. He picked it up but the person on the other end hung up without saying a word. This wasn't the first time someone had hung up on Peter, so he decided to call the phone company to see if they could trace the call. He dialed the number but nothing happened so he hung up and tried again. This time the phone just rang and rang, so Peter hung up again. On the third try a woman from the customer service department picked up but she was so rude that Peter hung up on her.

Every day you hang up…
Yesterday you hung up…
Recently you've hung up…

UP
¡TERMINA YA!

Y ahora, contesta

1. What happened after Peter had hung the phone up?

....

2. What did the caller do?

....

3. Why did Peter hang up after his first try at calling the phone company?

....

4. Why did he hang up after the second try?

....

5. Why did he hang up on the woman from customer service?

....

 # *Fíjate

En inglés 'we hang up the phone' pero 'we hang up the phone **ON** someone'.

> Peter hung up the phone.
> Peter **colgó** el teléfono.

> Susan hung up the phone **ON** Peter.
> Susan le **colgó** el teléfono **A** Peter.

TO WAKE UP 🔒 🔓
DESPERTARSE
DESPERTAR

1. Hace falta mucho ruido para **despertarme**.	It takes a lot of noise to wake me up.
2. Ella **se despertó** antes que los demás.	She woke up before everyone else.
3. Cuando **se despertó** estaba oscuro.	When he woke up, it was dark.
4. Nunca **me despierto** antes de las 07:00.	I never wake up before 7:00am.
5. **Nos despertamos** al cantar de los pájaros.	We woke up to the birds singing.
6. Nos **despertó** la tormenta.	The storm woke us up.
7. Cállate o **despertarás** al bebé.	Be quiet or you'll wake the baby up.
8. Me gustaría que **me despertaran** a las 8 de la mañana.	I'd like to be woken up at 8:00am.
9. Se fue a dormir y nunca **se despertó**.	He went to sleep and never woke up.
10. **¡Despiértate!**	Wake up!

¡DESPIÉRTATE!

Cuando Peter **se despertó** casi le da un infarto. Eran las 10 de la mañana y debería haberse despertado a las 07:00. No entendía por qué su despertador no le había **despertado**. No obstante, se levantó, se duchó y bebió dos tazas grandes de café para ayudarle a **despertarse**. Decidió **despertar** a su vecino para pedirle que le llevara al trabajo. Al vecino de Peter no le hizo gracia que le **despertaran** y menos ¡un sábado por la mañana! ¡Con razón el despertador de Peter no le había **despertado**!

WAKEY WAKEY!

When Peter woke up, he almost had a heart attack. It was 10am and he should have woken up at 7am. He couldn't understand why his alarm clock hadn't woken him up. Nevertheless, he got up, showered and drank two large cups of coffee to help him wake up. He decided to wake up his neighbour to ask him for a ride to work. Peter's neighbour wasn't happy to be woken up and even less so on a Saturday morning! No wonder Peter's alarm clock hadn't woken him up!

Every day I wake up...
Yesterday I woke up...
Recently I've woken up...

UP

¡NO TE DUERMAS!

Y ahora, contesta

1. What time did Peter wake up?
....

2. What time should he have woken up?
....

3. What did he do to help himself wake up?
....

4. Why did he wake his neighbour up?
....

5. Why hadn't Peter's alarm clock woken him up?
....

Fíjate

A veces un 'phrasal verb' puede ser **TRANSITIVO** o
INTRANSITIVO con el mismo significado.

TRANSITIVO	**INTRANSITIVO**
His mother **WOKE** him **UP**. Su madre le **despertó**.	He **WOKE UP**. Se **despertó**.

Cuando el verbo es intransitivo, no
lleva complemento directo.

He woke ~~him~~ up.
Se despertó.

COMPLEMENTO DIRECTO

TO GET UP 🔒

LEVANTARSE
LEVANTAR A ALGUIEN

1. Esta mañana **me levanté** a las 6:00. .... I got up at 6:00 this morning.

2. ¿Por qué **te levantaste** tan pronto? .... Why did you get up so early?

3. Tuve que **levantarme** pronto para limpiar el piso. .... I had to get up early to clean my flat.

4. Necesito una hora para **levantarme** por la mañana. .... I need an hour to get up in the morning.

5. Ella debe de haberse **levantado** con el pie izquierdo. ...... She must have gotten*up on the wrong side of the bed.

6. Él no pudo **levantarse** esta mañana. .... He couldn't get up this morning.

7. ¿Le gusta **levantarse** tan pronto? .... Does he like to get up so early?

8. ¡**Levántate**! .... Get up!

9. Bebí agua antes de **levantarme**. .... I drank some water before I got up.

10. Ella **se levantó** tarde y perdió el autobús. .... She got up late and missed her bus.

*Refiérase a la explicación en la página siguiente.

DORMILÓN

Peter siempre tiene problemas al **levantarse** por la mañana y a menudo **se levanta** más tarde de lo que debería. Necesita poner dos despertadores sólo para asegurarse de que **se levanta**. **Levantarse** sería más fácil si no se quedara despierto hasta tan tarde, e incluso cuando **se levanta** por fin, sigue medio dormido. Los fines de semana Peter **se levanta** cuando se despierta, que suele ser después de la hora de comer.

SLEEPYHEAD

Peter always has trouble getting up in the morning and often gets up later than he should. He needs to set two alarm clocks just to make sure he gets up. Getting up would be easier if he didn't stay up so late, and even when he finally does get up, he's still half asleep. On weekends, Peter gets up whenever he wakes up which is usually after lunchtime.

Every day she gets up...
Yesterday she got up...
Recently she's got / gotten up...

UP

¡NO TE DUERMAS!

Y ahora, contesta

1. What does Peter have trouble with in the morning?

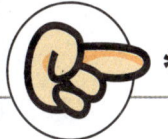

2. How often does he get up late?

3. How many alarm clocks does he need to set to get up?

4. Why does he have problems getting up?

5. When does he get up on weekends?

*Fíjate

Son dos los participios perfectos aceptables del verbo 'to get': 'GOT' y 'GOTTEN'. Escucharás más el uno o el otro dependiendo del lado del charco en el que te encuentres.

INGLÉS BRITÁNICO	INGLÉS NORTEAMERICANO
He hasn't **GOT UP** yet. Él no se ha **levantado** todavía.	He hasn't **GOTTEN UP** yet. Él no se ha **levantado** todavía.

No se considera ni una forma ni la otra más 'correcta'. Curiosamente, el participio 'norteamericano' se utilizaba en la Inglaterra de Shakespeare.

TO CATCH UP 🔓

ALCANZAR
PONERSE AL NIVEL

1. Él nunca le **alcanzará**, está muy atrás. .... He'll never catch up with him; he's too far behind.

2. Sigue adelante, te **alcanzaré** en un minuto. .... Go ahead; I'll catch up in a minute.

3. No les dejes **ponerse a nuestro nivel**. .... Don't let them catch up with us!

4. Tiene que **ponerse al nivel** del resto de la clase. .... He has to catch up with the rest of the class.

5. Cuando ella le **alcanzó** estaba sin aliento. .... When she caught up with him, she was out of breath.

6. Si se va ahora, les **alcanzará**. .... If he leaves now, he'll catch them up.

7. Él paró para dejar que ella le **alcanzara**. .... He stopped to let her catch up.

8. Ese país **se está poniendo al nivel** del resto. .... That country is catching up with the rest.

9. Si él no nos **alcanza** pronto, tendremos que parar. .... If he doesn't catch up soon, we'll have to stop.

10. La policía le **alcanzó** en la frontera. .... The police caught up with him at the border.

RECOBRA EL ALIENTO

Era la última carrera de la temporada de Fórmula 1 y el piloto favorito de Peter, Otto Van Lipshine, estaba en último lugar. Si no **alcanzase** al resto de los pilotos, lo perdería todo. A falta de 20 vueltas había **alcanzado** la 5ª posición y sólo tenía que **alcanzar** el 3er puesto para proclamarse campeón mundial. Cuando sólo quedaban cinco vueltas, Otto había **alcanzado** la 3ª posición y parecía tener asegurada la victoria cuando, de repente, en la vuelta final, el piloto en 4ª posición **alcanzó** a Otto y le adelantó.

CATCH YOUR BREATH

It was the final Formula 1 race of the season and Peter's favourite driver, Otto Van Lipshine was in last place. If he didn't catch up with the rest of the drivers, he would lose everything. With 20 laps to go, he had caught up to the 5th place driver and only needed to catch up to the 3rd place driver to become world champion. With five laps to go, Otto had caught up with the 3rd place driver and looked to have sealed victory when suddenly, on the final lap, the driver in 4th place caught up with Otto and overtook him.

Every day she catches up...
Yesterday she caught up...
Recently she's caught up...

UP
¡ACÉRCATE!

Y ahora, contesta

1. Who is Otto Van Lipshine?

2. What would happen if he didn't catch up with the rest of the drivers?

3. Who had he caught up to with 20 laps to go?

4. Who did he need to catch up with in order to become champion?

5. What happened on the final lap?

¡TEN CUIDADO!

Pronunciación: muchos son los españoles que pronuncian el pasado y participio perfecto del verbo 'to catch' tal y como se escribe. ¡No te conviertas en uno más de ellos!

> I caught ('cort') up with her.
> La alcancé.

El 'caught inglés' se pronuncia casi igual que la popular cadena española de grandes almacenes.

# TO MAKE UP 🔓
INVENTAR(SE)

1. ¡No **me** lo estoy **inventando**!	I'm not making it up!
2. Suena como una palabra **inventada**.*	It sounds like a made-up word.*
3. ¿Por qué él **se** lo **inventaría**?	Why would he make it up?
4. No **te inventes** excusas.	Don't make up excuses.
5. Ella **se inventa** muchas cosas.	She makes a lot of things up.
6. Tienes que **inventar** una excusa mejor que ésa.	You need to make up a better excuse than that.
7. Si no sabes la respuesta, **invéntate** una.	If you don't know the answer, make one up.
8. Ella era genial **inventando** historias.	She was great at making up stories.
9. Él **se inventa** todos sus chistes.	He makes up all of his jokes.
10. ¡Qué mentiroso! **Se** lo **inventó** todo.	What a liar! He made everything up.

*Refiérase a la explicación en la página siguiente.

MIEDO ESCÉNICO

Mucha gente considera que Peter es bastante gracioso e incluso él reconoce que tiene una gran habilidad para **inventar** chistes en los momentos más oportunos. Pero cuando uno de sus amigos le apuntó a un concurso de talentos, Peter empezó a **inventar** excusas de por qué no podía hacerlo. No tenía problemas **inventando** chistes con sus amigos porque él les conocía, pero delante del público estaba seguro de que no podría **inventarse** ninguno bueno. El día del concurso, Peter no **se** había **inventado** ninguna excusa lo suficientemente buena para quedarse en casa así que se sentó y empezó a **inventarse** material nuevo.

STAGE FRIGHT

Many people consider Peter to be quite funny and even he admits that he has a great ability to make up jokes at the most opportune times. But when one of his friends signed him up in a talent show, Peter started making up excuses why he couldn't do it. He had no trouble making up jokes around his friends because he knew them, but in front of an audience he was sure he couldn't make up any good ones. On the day of the show, Peter hadn't made up a good enough excuse to stay at home so he sat down and started making up new material.

Every day he makes up...
Yesterday he made up...
Recently he's made up...

UP
CREAR

Y ahora, contesta

1. What great ability does Peter have?

....

2. What did Peter start doing when he found out he was entered in the show?

....

3. Why didn't he have trouble making up jokes around his friends?

....

4. What wasn't he sure he could do in front of an audience?

....

5. What did Peter sit down and do on the day of the show?

....

 ***Fíjate**

En muchas ocasiones un 'phrasal verb' puede convertirse en un **ADJETIVO**.
¡Éste es uno de estos casos!

That's a **MADE-UP** word.
Ésa es una palabra **inventada**.

He used a **MADE-UP** name.
Él usó un nombre **inventado**.

Pero no se pueden convertir todos los 'phrasal verbs' en adjetivo.

TO DRAW UP 🔓

REDACTAR
ELABORAR

1. Están **redactando** la propuesta en este momento.........	They're drawing the proposal up as we speak.
2. ¿Están **redactando** un nuevo contrato también?............	Are they drawing up a new contract too?
3. ¿Cuándo estará **redactado** el acuerdo final?.................	When will the final agreement be drawn up?
4. Que **redacten** algo rápido.............................	Have them draw up something quickly.
5. Los planes fueron **elaborados** el año pasado...............	The plans were drawn up last year.
6. ¿Quién los **elaboró**?.................................	Who drew them up?
7. Están intentando **elaborar** un borrador......................	They're trying to draw up a draft.
8. Voy a **redactar** mi testamento yo mismo...................	I'm going to draw up my will myself.
9. Más vale que dejes que lo **redacte** un abogado.............	You'd better let a lawyer draw it up.
10. Smith dijo que **redactaría** una lista...........................	Smith said he'd draw up a list.

ECHAR A SUERTES

Peter ha sido elegido para **redactar** el nuevo presupuesto anual. El tipo que lo **redactó** el año pasado no lo **redactó** muy bien y fue despedido. Peter **elaboró** una lista de gente que podría ayudarle a **redactar** el presupuesto bien. Su plan era **redactar** un borrador del presupuesto primero. Si lo **redactara** bien, probablemente le ascenderían. Si no lo **redactara** bien, probablemente tendría que llamar a un abogado para **elaborar** su testamento.

DRAWING STRAWS

Peter has been chosen to draw up the new annual budget. The guy who drew it up last year didn't draw it up very well and was fired. Peter drew up a list of people who could help him draw up the budget well. His plan was to draw up a draft of the budget first. If he drew it up well, he would probably get promoted. If he didn't draw it up well, he would probably have to call a solicitor to draw up his will.

Every day she draws up...
Yesterday she drew up...
Recently she's drawn up...

UP
CREAR

Y ahora, contesta

1. What has Peter been chosen to do?

2. Why was the guy who drew it up last year fired?

3. What did Peter draw up a list of?

4. What was his plan?

5. What would happen if he drew it up well?

Recuerda que

Cuando el 'phrasal verb' es separable 🔓 y el complemento directo es un **PRONOMBRE**, éste ha de colocarse entre el VERBO y la PREPOSICIÓN.

Cuando el complemento directo es un **SUSTANTIVO**, éste puede colocarse entre el VERBO y la PREPOSICIÓN o después de la PREPOSICIÓN.

VERBO
PREPOSICIÓN

She drew **IT** up

PREPOSICIÓN
VERBO

She drew up ✗

VERBO
PREPOSICIÓN

She drew **THE DRAFT** up

PREPOSICIÓN
VERBO

She drew up **THE DRAFT**

TO COME UP WITH 🔒

PROPONER(SE)
OCURRIRSE
INVENTAR

1. ¿**Se** os ha **ocurrido** alguna sugerencia?............................ Have you come up with any suggestions?
2. Nunca **se** me **ocurren** grandes ideas................................. I never come up with great ideas.
3. ¿**Se** te ha **ocurrido** algo alguna vez?................................ Have you ever come up with anything?
4. **Se** les **ocurrió** su propia propuesta.............................. They came up with their own proposal.
5. La fecha límite para **proponer** algo es el viernes........... The deadline to come up with something is Friday.
6. No **se** nos ha **ocurrido** mucho...................................... We haven't come up with much.
7. ¿Cómo vamos a **proponer** más ideas?............................. How are we going to come up with more ideas?
8. Él perderá su trabajo si no **se** le **ocurre** algo................. He'll lose his job if he doesn't come up with something.
9. **Se** le **ocurren** las mentiras más increíbles.................... He comes up with the most incredible lies.
10. ¿Qué **se** ha **propuesto** hasta ahora?............................ What have they come up with so far?

EL AMIGO NECESITADO

Ojalá **se** le **ocurriera** a Peter una idea para el regalo del cumpleaños de su novia, pero todo lo que **se** le **ocurre** es o demasiado caro o demasiado aburrido. Ha pedido a todos sus amigos y familiares que le ayuden **proponiendo** algo, pero nadie ha sido capaz. Tiene hasta el día 15 para que **se** le **ocurra** algo, pero como hoy es 11, el tiempo no está de su parte. Lo último que le apetece a Peter es tener que **inventar** una excusa de por qué no **se** le **ocurrió** una buena idea para un regalo.

FRIEND IN NEED

If only Peter could come up with a gift idea for his girlfriend's birthday, but everything he comes up with is either too expensive or too dull. He's asked all his friends and family to help him come up with something but no-one has been able to. He has until the 15th to come up with something, but since today is the 11th, time is not on his side. The last thing Peter wants is to have to come up with an excuse why he couldn't come up with a good idea for a present.

Every day I come up with...
Yesterday I came up with...
Recently I've come up with...

UP
CREAR

Y ahora, contesta

1. Who is Peter trying to come up with gift ideas for?

....

2. What is wrong with the things he comes up with?

....

3. Who has he asked to help him come up with ideas?

....

4. How long does he have to come up with something?

....

5. What is the last thing Peter wants?

....

Recuerda que

Este 'phrasal verb' es:

INSEPARABLE 🔒

¡Está cerrado con candado! Con INSEPARABLE queremos decir que **NO** se pueden 'separar' el verbo y las preposiciones y no puede haber nada entre el verbo y las preposiciones.

| PREPOSICIONES | PREPOSICIONES |
| VERBO | VERBO |

COME UP WITH a plan.
Propón un plan.

COME a plan UP WITH.

TO SET UP 🔓

MONTAR
ESTABLECER

1. **Montaron** su propia empresa la primavera pasada......... They set up their own company last spring.

2. La **montaron** bastante rápidamente............................. They set it up pretty quickly.

3. ¿Podrías ayudarme a **montar** la tienda de campaña?........ Could you help me set up the tent?

4. Sin las instrucciones no podremos **montarla**................ Without the instructions, we won't be able to set it up.

5. ¿No has **montado** nunca una tienda antes?.................... Haven't you ever set up a tent before?

6. La policía **estableció** barricadas a lo largo de la calle...... The police set up barricades along the road.

7. **Montaron** el equipo de sonido rápidamente................. They set up the sound equipment quickly.

8. Llámame cuando todo esté **establecido**....................... Call me when everything is set up.

9. Quieren que él **monte** una nueva oficina...................... They want him to set up a new office.

10. Él solo no podrá **montar** una oficina............................ He won't be able to set up an office by himself.

PREPARADOS, LISTOS, ¡YA!

Peter está pensando en **montar** su propia galería de arte pero no sabe cómo **montarla**. Mucha gente que conoce ha **montado** su propio negocio pero todos ellos están demasiado ocupados ahora para ayudarle a **montar** la suya. Como quería **montarla** lo antes posible, Peter concertó una reunión con una compañía especializada en **montar** nuevas empresas. Su objetivo era tener la galería **montada** para finales de año.

READY, SET, GO!

Peter is planning to set up his own art gallery but he doesn't know how to set one up. A lot of people he knows have set up their own businesses but all of them are too busy now to help him set his up. As he wanted to set it up as soon as possible, Peter arranged a meeting with a company specialized in setting up new companies. His goal was to have the gallery set up by the end of the year.

Every day he sets up...
Yesterday he set up...
Recently he's set up...

UP

¡EMPEZANDO!

Y ahora, contesta

1. What is Peter planning to set up?

2. What doesn't he know how to do?

3. Why can't his friends help him set it up?

4. Who did he arrange a meeting with?

5. What was his goal?

Recuerda que

Cuando el 'phrasal verb' es separable 🔓 y el complemento directo es un **PRONOMBRE**, éste ha de colocarse entre el VERBO y la PREPOSICIÓN.

Cuando el complemento directo es un **SUSTANTIVO**, éste puede colocarse entre el VERBO y la PREPOSICIÓN o después de la PREPOSICIÓN.

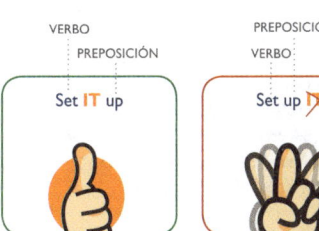

VERBO
PREPOSICIÓN
Set **IT** up

PREPOSICIÓN
VERBO
Set up I̶T̶

VERBO
PREPOSICIÓN
Set **THE TENT** up

PREPOSICIÓN
VERBO
Set up **THE TENT**

TO SIGN UP 🔒

APUNTARSE
MATRICULARSE

1. La fecha límite para **matricularse** es mañana.............. The deadline to sign up is tomorrow.

2. Menos mal que **me matriculé** la semana pasada........... It's a good thing I signed up last week.

3. Él **se** ha **apuntado** a clases de italiano........................ He has signed up for Italian lessons.

4. ¿Leíste la letra pequeña antes de **apuntarte**?.............. Did you read the small print before you signed up?

5. Si la hubiera leído, no **me** habría **apuntado**................. If I'd read it, I wouldn't have signed up.

6. ¿Era gratis **apuntarse**?.. Was it free to sign up?

7. Si **te apuntas** antes del día 15, es gratis......................... If you sign up before the 15th, it's free.

8. Puedes **matricularte** en internet.................................... You can sign up on the Internet.

9. No estoy seguro de querer **matricularme** ahora........... I'm not sure I want to sign up now.

10. Ella está **apuntada** en el curso más avanzado................ She is signed up for the most advanced course.

COMO UN PEZ FUERA DEL AGUA

Uno de los amigos de Peter **se** había **matriculado** en un curso de empresariales en la universidad local y le preguntó a Peter si quería que le **matriculara** a él también. Aunque Peter pensó que **matricularse** mejoraría su currículum, quería **apuntarse** a algo un poco más interesante que clases de empresariales. Después de hacer algunas llamadas, decidió que iba a **apuntarse** a clases de submarinismo. El único problema era que necesitaría **apuntar** a alguien más para ser su pareja de buceo.

LIKE A FISH OUT OF WATER

One of Peter's friends had signed up for a business studies course at the local university and asked Peter if he wanted him to sign him up too. Although Peter thought that signing up would improve his CV, he wanted to sign up for something a little more interesting than business classes. After making a few calls, he made up his mind that he was going to sign up for SCUBA diving classes. The only problem was that he would need to get someone else to sign up with him to be his SCUBA diving partner.

Every day we sign up...
Yesterday we signed up...
Recently we've signed up...

UP
¡EMPEZANDO!

Y ahora, contesta

1. What had one of Peter's friends signed up for?

2. What did Peter's friend want him to do?

3. Why didn't Peter want to sign up?

4. What was he going to sign up for instead?

5. What was the problem with signing up for SCUBA diving?

¡TEN CUIDADO!

El verbo 'TO SIGN' suele presentar dificultades de pronunciación incluso para los alumnos más avanzados.

Con el infinitivo no pronunciamos la 'g', y la 'i' se pronuncia 'ai'.
SIGN (sain)

El pasado se pronuncia igual pero acaba en 'd' (no 'ed')
SIGNED* (saind)

*En el pasado y participio perfecto del verbo **TO SIGN**, no se pronuncia la 'ed' como sílaba adicional.
Es decir 'signed' tiene SÓLO UNA SÍLABA igual que 'sign'.

TO BACK UP 🔓

APOYAR
RESPALDAR

1. ¿Por qué no me **apoyaste**? — Why didn't you back me up?

2. Si te hubiera **apoyado**, habría perdido mi trabajo. — If I'd backed you up, I would have lost my job.

3. No esperes que él te **apoye** la próxima vez. — Don't expect him to back you up next time.

4. Si ellos no te creen, yo te **apoyaré**. — If they don't believe you, I'll back you up.

5. Ella te **apoyará** si se lo pides. — She'll back you up if you ask her to.

6. ¿Cómo le vas a **apoyar**? — How are you going to back him up?

7. **Apóyame** en esto, por favor. — Back me up on this, please.

8. Nos **apoyaremos** el uno al otro. — We'll back each other up.

9. ¿Por qué debería él **apoyarla**? — Why should he back her up?

10. ¿Le **apoyarías** a él si él te lo pidiera? — Would you back him up if he asked you to?

LA LLAMADA

Cuando la policía le preguntó a Peter dónde había estado la noche del viernes, él dijo que había estado solo en casa pero que no tenía a nadie que le **respaldara** su coartada. Ellos le dijeron que sin nadie que le **apoyara**, tendría que ir a comisaría con ellos. Peter estaba seguro de que había alguien que podría **apoyarle** con su historia pero la cuestión era quién. Justo entonces, recordó que había hecho varias llamadas de teléfono a casa de su hermana antes de ir a la cama. Su hermana no podría **apoyarle** ya que no había contestado al teléfono pero el registro de llamadas **apoyaría** su historia.

THE PHONE CALL

When the Police asked Peter where he had been on Friday night, he told them he had been at home alone but that he didn't have anyone to back up his alibi. They told him that without anyone to back him up, he would have to go to the police station with them. Peter was sure there was someone who could back his story up but the question was who. Just then, he remembered that he had made several phone calls to his sister's house before he had gone to bed. His sister couldn't back him up since she hadn't answered the phone but the phone records would back up his story.

Every day they back up...
Yesterday they backed up...
Recently they've backed up...

UP
¡UN POCO
DE TODO!

Y ahora, contesta

1. Why didn't Peter have anyone to back up his alibi?

2. What did the police tell him?

3. What was Peter sure of?

4. Why wouldn't his sister be able to back him up?

5. What would back up Peter's story?

Recuerda que

Cuando el 'phrasal verb' es separable 🔓 y el complemento directo es un **PRONOMBRE**, éste ha de colocarse entre el VERBO y la PREPOSICIÓN.

Cuando el complemento directo es un **SUSTANTIVO**, éste puede colocarse entre el VERBO y la PREPOSICIÓN o después de la PREPOSICIÓN.

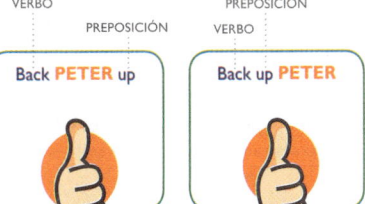

TO DRESS UP 🔓

DISFRAZARSE
IR ELEGANTE

1.	¿Vas a **disfrazarte** para la fiesta de Halloween?...............	Are you going to dress up for the Halloween party?
2.	Voy a **disfrazarme** de Supermán....................................	I'm dressing up as Superman.
3.	**Te disfrazaste** de Supermán el año pasado...................	You dressed up as Superman last year.
4.	¿De qué vas a **disfrazarte**?...	What are you going to dress up as?
5.	Todos los empleados deben **ir elegantes**.........................	All employees must dress up.
6.	¿**Vas elegante** a trabajar?...	Do you dress up for work?
7.	**Voy elegante** a las reuniones...	I dress up for meetings.
8.	¿No deberías **ir elegante** siempre?.................................	Shouldn't you dress up all the time?
9.	No puedo **ir elegante** todo el tiempo.............................	I can't dress up all the time.
10.	Asegúrate de **ir elegante** a la fiesta...............................	Make sure you dress up for the party!

VESTIMENTA DE NAVIDAD

La invitación de la fiesta de Navidad decía "**Dress Up**" y Peter pensó que se refería a un disfraz. Fue **disfrazado** de elfo pero cuando llegó, vio que todos **iban elegantes** con esmoquin. Cuando los invitados le preguntaron por qué iba **disfrazado** de elfo, él dijo que era porque los elfos no sabían que "**dress up**" tenía dos significados. ¡Por lo menos sabría de qué **disfrazarse** en la fiesta de Halloween!

CHRISTMAS DRESS

The Christmas party invitation said "Dress Up" and Peter thought it meant in a costume. He went dressed up as an elf but when he got there, he saw that everyone else was dressed up in tuxedos. When the other guests asked him why he was dressed up as an elf, he said it was because elves didn't know that "to dress up" had two meanings. At least he would know what to dress up as for the Halloween party!

Every day I dress up...
Yesterday I dressed up...
Recently I've dressed up...

UP
¡UN POCO
DE TODO!

Y ahora, contesta

1. What did Peter think "Dress Up" meant on the invitation?

....

2. Were the other guests dressed up in costumes?

....

3. How was everyone else dressed up when he got there?

....

4. Why did he say he was dressed up as an elf?

....

5. What would he dress up as for the Halloween party?

....

 **Fíjate**

En inglés 'we dress up **AS** someone'.

Peter dressed up **AS** a ghost.
Peter **se disfrazó DE** fantasma.

Who did you dress up **AS**?
¿**DE** quién te **disfrazaste**?

TO LOOK UP 🔓
BUSCAR (UNA REFERENCIA)

1. Busca la palabra en el diccionario.	Look up the word in the dictionary.
2. Ella buscó la palabra para comprobar la ortografía.	She looked up the word to check the spelling.
3. Subraya la palabra y **búscala** luego.	Underline the word and look it up later.
4. Estoy seguro de que he **buscado** esa palabra antes.	I'm sure I've looked that word up before.
5. Si no tienes diccionario, **búscala** en Internet.	If you don't have a dictionary, look it up online.
6. Búscalo en la enciclopedia.	Look it up in the encyclopedia.
7. Busca su número de teléfono en la guía.	Look up his phone number in the phone book.
8. ¿Hay alguien que siga **buscando** cosas en los libros?	Does anyone still look things up in books?
9. La mayoría de la gente **busca** cosas en Internet ahora.	Most people look things up on the Internet now.
10. La biblioteca es un buen sitio donde **buscar** información.	A library is a good place to look up information.

¡BÚSCALO!

Peter tenía que escribir un correo electrónico en español pero como su español no era muy bueno, necesitaba **buscar** mucho vocabulario. Su diccionario estaba bien para **buscar** vocabulario básico, pero era un diccionario de bolsillo y muchas de las palabras más complicadas que intentó **buscar** no estaban. Peter necesitaba desesperadamente un diccionario mejor, así que se conectó a Internet y **buscó** el número de teléfono de una librería cerca de su casa. Fue entonces cuando se dio cuenta de que si podía **buscar** números de teléfono en Internet, quizá podría **buscar** vocabulario español también.

LOOK IT UP!

Peter had to write an e-mail in Spanish but since his Spanish wasn't very good, he needed to look up a lot of vocabulary. His dictionary was OK for looking up basic vocabulary but it was a pocket dictionary and a lot of the more complicated words he tried to look up weren't in it. Peter desperately needed a better dictionary so he got online and looked up the phone number of a book shop near his house. It was then that he realized that if he could look up phone numbers on the Internet, he could look up Spanish vocabulary too.

Every day you look up...
Yesterday you looked up...
Recently you've looked up...

UP
¡UN POCO DE TODO!

Y ahora, contesta

1. Why did Peter need to look up so many words?

2. What was his dictionary good for?

3. Why was it bad for looking up complicated words?

4. How did he find the phone number for a book store near his house?

5. What did he realize after looking up the phone number?

 **¡TEN CUIDADO!**

En inglés 'we look up something **IN** a book' pero

'we look up something **ON** the Internet'.

Peter looked it up **IN** the dictionary.

Peter lo **buscó EN** el diccionario.

Peter looked it up **ON** the Internet.

Peter lo **buscó EN** internet.

TO SLOW D
TO COPY DOW
TO BREAK DO TO CALM D
TO BOIL DOWN TO GO

DOWN

TO GO / COME DOWN 🔒

BAJAR
PONERSE EL SOL

1. Tendrás que **bajar** al sótano. .... You'll need to go down to the basement.

2. **Bajé** allí esta mañana. .... I went down there this morning.

3. Entonces tendrás que volver a **bajar** allí. .... Then you'll have to go back down there.

4. ¿Con quién vas a **bajar** a Londres?* .... Who are you going down to London with?*

5. **Bajaron** todo el camino a México desde Canadá. .... They went down to Mexico all the way from Canada.

6. ¿Cuándo vas a **bajar** a Londres a vernos?* .... When are you coming down to London to see us?*

7. Los escaladores **bajaron** la montaña despacio. .... The climbers went down the mountain slowly.

8. Él estaba **bajando** las escaleras cuando se cayó. .... He was coming down the stairs when he fell.

9. Hizo mucho frío tras **ponerse el sol**. .... It got very cold after the sun went down.

10. Podremos jugar hasta que **se ponga el sol**. .... We'll be able to play until the sun goes down.

*No sólo empleamos 'to go down' cuando se trata de bajar verticalmente sino que también lo utilizamos cuando bajamos hacia el sur.

COMO UN YOYÓ

Peter tenía una reunión en la planta 20 de uno de los edificios más altos de la ciudad. Subió en el ascensor pero le dijeron que tenía que **bajar** a la planta 18 porque habían cambiado la reunión de sitio. Sólo eran dos pisos así que Peter **bajó** por las escaleras pero al **bajar**, tropezó y se hizo daño en el tobillo. **Bajó** el resto de las escaleras muy despacio para evitar más accidentes. De hecho, **bajó** con tanto cuidado que no se dio cuenta de que había **bajado** a la planta 17 por error.

LIKE A YO-YO

Peter had a meeting on the 20th floor of one of the tallest buildings in the city. He went up in the lift but he was told he had to go down to the 18th floor because the meeting had been moved. It was only two floors so Peter went down the stairs but as he was going down, he tripped and hurt his ankle. He went down the rest of the stairs very slowly to avoid any more accidents. In fact, he went down so carefully that he didn't realize that he had gone down to the 17th floor by mistake.

Every day I go down...
Yesterday I went down...
Recently I've gone down...

DOWN
¡HACIA ABAJO!

Y ahora, contesta

1. What was Peter told when he went up to the 20th floor?

2. Why didn't Peter go down in the lift?

3. What happened as he was going down the stairs?

4. How did he go down the rest of the stairs?

5. What floor did he end up going down to?

Fíjate

Empleamos **COME** (VENIR) cuando nos referimos al lugar en el que nos encontramos.
Empleamos **GO** (IR) cuando nos referimos a un sitio diferente del que estamos.
También utilizamos **COME** (IR) cuando nos acercamos a nuestro interlocutor.

GO DOWN to the first floor.
Ve a la primera planta.

I'm **going down**!
¡Voy!

COME DOWN to the first floor.
Ven a la primera planta.

I'm **coming down**!
¡Voy!

TO SIT DOWN 🔒

SENTARSE

1. Por favor, pase y **siéntese**. .... Please, come in and sit down.
2. Siempre **se sientan** todos juntos en las comidas. .... They always sit down together for meals.
3. ¿**Se sientan** a la mesa? .... Do they sit down at the table?
4. Claro que **se sientan** a la mesa. .... Of course they sit down at the table.
5. Algunas familias **se sientan** delante de la tele para comer. ... Some families sit down in front of the TV for meals.
6. Después de todo eso, **me tengo que sentar** un minuto. ... After all that, I need to sit down for a minute.
7. Nunca **te sientes** a no ser que te inviten a hacerlo. .... Never sit down unless you're invited to.
8. Él **se sentó** en el banco a leer el periódico. .... He sat down on the bench to read his newspaper.
9. **Sentémonos** y hablemos sobre esto como Dios manda. ..... Let's sit down and talk about this properly.
10. Por fin las dos partes **se sentaron** juntas para hablar. .... The two sides finally sat down together for talks.

PASTEL DE CIERVO

Después de un largo día de trabajo, a Peter le gusta **sentarse** delante de la tele y relajarse un rato. Sin embargo, hoy había estado **sentado*** todo el día y no le apetecía **sentarse** más. Fue a hacer footing para estirar las piernas porque sabía que luego tendría que **sentarse** con su familia para cenar. Cuando Peter llegó a casa de sus padres **se sentó** en su sitio habitual y esperó a que todos los demás **se sentaran**. Pero nadie **se sentó** ¡porque Peter **se** había **sentado** encima del postre!

HUMBLE PIE

After a long day at work, Peter likes to sit down in front of the TV and relax for a while. However, today he had been sitting down* all day and he didn't feel like sitting down any more. He went for a jog to stretch his legs because he knew that later he would have to sit down with his family for dinner. When Peter got to his parents' house he sat down in his usual chair and waited for everyone else to sit down. But no-one else sat down because Peter had sat down on the dessert!

*Ya sabes que el verbo 'to sit down' no sólo indica la acción de 'sentarse' sino el estado de 'estar sentado'.

Every day he sits down...
Yesterday he sat down...
Recently he's sat down...

DOWN
¡HACIA ABAJO!

Y ahora, contesta

1. What does Peter like to do after work?

....

2. Why didn't he want to sit down after work today?

....

3. What did he do instead of sitting down?

....

4. Where did he sit down when he got to his parents' house?

....

5. What did he sit down on?

....

 **¡TEN CUIDADO!**

El verbo '**TO SIT**' suele presentar dificultades de pronunciación incluso para los alumnos más avanzados.

> En el infinitivo se pronuncia la 's' largo con la lengua tocando los dientes inferiores.
> **SSSS**it

> En el pasado se pronuncia como la palabra '**satélite**' en español pero sin 'élite' (¡obviamente!)
> **SSSS**at~~élite~~

*Si pronuncias este verbo con una '**s**' floja (como la palabra '**she**'), significa una cosa MUY DIFERENTE ;-)

TO LIE DOWN 🔒

ECHARSE
TUMBARSE

1. Ella fue a **echarse** un par de horas. .... She went to lie down for a couple of hours.

2. ¿Por qué está **tumbada?*** .... Why is she lying down?*

3. Está **tumbada** porque no se encuentra bien.* .... She's lying down because she doesn't feel well.*

4. **Échate** en el sofá unos minutos. .... Lie down on the sofa for a few minutes.

5. Si **me tumbo**, me quedaré dormido. .... If I lie down, I'll fall asleep.

6. ¿**Te has tumbado** alguna vez en una cama de agua? .... Have you ever lain down on a water bed?

7. Preferiría **tumbarme** en el césped. .... I'd rather lie down on the grass.

8. No **te tumbes** ahí; está sucio. .... Don't lie down there; it's dirty.

9. Creo que **me echaré** una siesta después de la comida.† .... I think I'll have a lie-down after lunch.†

10. El perro **se tumbó** delante de la chimenea.‡ .... The dog lay down in front of the fire.‡

*Igual que ocurre con el verbo 'to sit down', 'to lie down' se emplea tanto para expresar el hecho de tumbarse como el estado de 'estar tumbado'.

†Refiérase a la explicación en la página siguiente.

‡'Chimenea' se traduce por 'fire' o 'fireplace' en inglés. La palabra 'chimney' se refiere a la 'chimenea' que destaca del tejado.

PROBLEMAS EN LA CAMA

Peter tiene que comprar un colchón nuevo porque cuando **se echa** en el suyo, chirría y no es nada cómodo. En la tienda, el dependiente le invitó a **echarse** en todos los colchones que quisiera. Peter quería **tumbarse** en todos ellos para estar seguro de comprar el adecuado, pero después de **tumbarse** en todos los colchones de la tienda, Peter no estaba convencido de que allí hubiera uno sobre el que quisiera **echarse** cada noche. Había oído que **tumbarse** en el suelo era bueno para la espalda pero preferiría **tumbarse** en su viejo colchón chirriante que **tumbarse** en el suelo todas las noches.

THE SQUEAKY MATTRESS

Peter needs to buy a new mattress because when he lies down on his, it squeaks and isn't very comfortable. At the store the salesclerk invited him to lie down on as many mattresses as he wanted. Peter wanted to lie down on all of them to be sure he bought the right one, but after lying down on every mattress in the shop, Peter wasn't convinced that there was one there that he wanted to lie down on every night. He had heard that lying down on the floor was good for your back, but he'd rather lie down on his old squeaky mattress than lie down on the floor every night.

Every day she lies down...*
Yesterday she lay down...*
Recently she's lain down...*

*No confundas este verbo con el verbo 'to lie' (mentir) cuyo pasado y participio perfecto son diferentes: lie, lied, lied.

DOWN
¡HACIA ABAJO!

Y ahora, contesta

1. Why does Peter need to buy a new mattress?

....

2. Why did he want to lie down on all the mattresses in the store?

....

3. What was the problem after he had lain down on every mattress?

....

4. What had he heard about lying down on the floor?

....

5. What would he rather do than lie down on the floor?

....

 **†Fíjate**

En muchas ocasiones un 'phrasal verb' puede convertirse en un **SUSTANTIVO COMPUESTO**.
¡Éste es uno de estos casos! Simplemente es cuestión de unir las dos palabras.

Have a **LIE-DOWN** for a while.
Échate la **siesta** un rato.

She had a **LIE-DOWN** before the party.
Ella se echó la **siesta** antes de la fiesta.

Pero no todos los 'phrasal verbs' se pueden convertir en sustantivo.

TO SLOW DOWN 🔒 🔓

REDUCIR LA VELOCIDAD
RALENTIZAR(SE)

1. **¡Despacio!** No entiendo ni una palabra. .... Slow down! I can't understand a word.
2. **¡Ve más despacio!** Hay cámaras aquí. .... Slow down! There are speed cameras here.
3. El corredor **redujo la velocidad** en la vuelta final. .... The runner slowed down on the final lap.
4. El tráfico empieza a **ralentizarse** en la hora punta. .... Traffic starts to slow down during rush hour.
5. Él **redujo la velocidad** cuando vio el accidente delante. ...... He slowed down when he saw the accident ahead.
6. Le dijeron que su metabolismo **se estaba ralentizando**. ...... They told him his metabolism was slowing down.
7. Él **redujo la velocidad** cuando vio su salida. .... He slowed down when he saw his exit.
8. **Ralentizó** su respiración antes de subir al escenario. ...... He slowed his breathing down before going on stage.
9. Los frenos se rompieron y no pudo **reducir la velocidad**... The brakes failed and he couldn't slow down.
10. La vacuna **ralentizó** la propagación de la enfermedad. ...... The vaccine slowed down the spread of the disease.

LA VELOCIDAD LO ES TODO

Peter no ha **parado** desde que sus padres llegaron, pero se van hoy y tiene muchas ganas de llevarles al aeropuerto. De camino hacia allí, Peter notó que el tráfico **se** estaba **ralentizando** así que **disminuyó la velocidad** y cogió la siguiente salida. Peter iba conduciendo como un loco y su padre le recordó que puesto que la economía **se** estaba **ralentizando**, no podía permitirse una multa de velocidad así que Peter **redujo la velocidad** hasta el límite permitido. Sin embargo, su ritmo cardíaco no **disminuiría** hasta que sus padres estuvieran en el avión.

SPEED IS OF THE ESSENCE

Peter hasn't slowed down since his parents arrived but they're leaving today and he can't wait to take them to the airport. On the way there, Peter noticed that traffic was slowing down so he slowed down and took the next exit. Peter was driving like a mad man and his father reminded him that since the economy was slowing down, he couldn't afford to get a speeding ticket so Peter slowed down to the speed limit. However, his heart rate wouldn't slow down until his parents were on their plane.

DOWN
¡DE MÁS A MENOS!

Every day it slows down...
Yesterday it slowed down...
Recently it's slowed down...

Y ahora, contesta

1. Why hasn't Peter been able to slow down lately?

....

2. What did he notice on his way to the airport?

....

3. What did he do?

....

4. Why did he slow down?

....

5. When would Peter's heart rate slow down?

....

¡TEN CUIDADO!

El verbo '**TO SLOW**' suele presentar dificultades de pronunciación incluso a los alumnos más avanzados. En primer lugar no se dice 'eslow' sino 'sssslow', empleando con el mismo sonido del silbido que hacemos en el teatro cuando la actuación no es de nuestro agrado. Vamos, ¡lo mismo que te haremos a ti si te pillamos diciendo 'eslow'!

> El final del pasado del verbo suena como una sola '**d**' (no 'ed'):
> **SLOWXD**

> El final del participio perfecto del verbo suena como una sola '**d**' (no 'ed'):
> **SLOWXD**

En el pasado y participio perfecto del verbo **TO SLOW**, no se pronuncia la sílaba 'ed' como sílaba adicional.
Es decir '**slowed**' tiene UNA SOLA SÍLABA igual que '**slow**'.

TO TURN DOWN 🔓

BAJAR (VOLUMEN, ETC.)

1. ¿Podrías **bajar** la calefacción, por favor?...................... Could you please turn the heating down?

2. ¿Te importaría **bajar** el aire acondicionado?................ Would you mind turning the air-conditioning down?

3. Ya lo han **bajado**... It's already been turned down.

4. ¿Puedo **bajar** el ventilador?.. Can I turn the fan down?

5. ¿Les pedimos que **bajen** la música?.............................. Shall we ask them to turn down the music?

6. Ya se les ha dicho que la **bajen**..................................... They've already been told to turn it down.

7. ¿Te importaría **bajar** el volumen?.................................. Would you mind turning the volume down?

8. **Baja** el horno a 150°.. Turn the oven down to 150°.

9. Deberías **bajar** el volumen de tu teléfono................... You should turn down the volume on your phone.

10. Estamos en medio de una recesión económica*.......... We're in the middle of an economic downturn.*

*Refiérase a la explicación en la página siguiente.

UN POCO DE PAZ

Peter estaba intentando leer en casa pero sus vecinos no **bajaban** la música y Peter no podía concentrarse. Ya les había pedido dos veces que la **bajaran** así que en lugar de pedirles que **bajaran** la música por tercera vez, se fue a la biblioteca. Allí, Peter encontró un rincón tranquilo y empezó a leer otra vez pero se le había olvidado **bajar** el volumen de su teléfono y sonó. El bibliotecario le dijo a Peter que tenía que **bajarlo** o encontrar otro sitio para leer.

PEACE AND QUIET

Peter was trying to read at home but his neighbours wouldn't turn their music down and Peter couldn't concentrate. He had already asked them to turn it down twice so instead of asking them to turn it down a third time, he went to the library. There, Peter found a nice quiet corner and started reading again but he had forgotten to turn down the volume on his phone and it rang. The librarian told Peter he would either have to turn it down or find somewhere else to read.

DOWN
¡DE MÁS A MENOS!

Every day you turn down...
Yesterday you turned down...
Recently you've turned down...

Y ahora, contesta

I. Why couldn't Peter concentrate at home?

....

2. How many times had he asked his neighbours to turn the music down?

....

3. What did he do instead of asking them to turn down the music again?

....

4. What did he forget to turn down in the library?

....

5. What did the librarian tell Peter?

....

 ***Fíjate**

Muchas veces un 'phrasal verb' puede convertirse en un **SUSTANTIVO COMPUESTO**.
¡Éste es 'casi' uno de estos casos! Simplemente es cuestión de unir las dos palabras.

> No one predicted the **DOWNTURN**
> in the economy.
> Nadie previó la **recesión** de la economía.

> The economic **DOWNTURN** is over.
> La **recesión** ha terminado.

Pero fíjate cómo en este caso no decimos 'a turn-down' sino 'a downturn'.

TO WRITE DOWN 🔓
APUNTAR

1. ¿No te acuerdas de dónde lo **apuntaste**?.................... Don't you remember where you wrote it down?

2. Lo **apunté** en un pedacito de papel........................... I wrote it down on a scrap of paper.

3. Deberías haberlo **apuntado** en tu agenda.................... You should have written it down in your diary.

4. Asegúrate de **apuntar** toda la información.................. Make sure you write down all the information.

5. No hace falta **apuntarlo** todo................................ There's no need to write it all down.

6. Él debe de haberlo **apuntado** mal........................... He must have written it down wrong.

7. ¿Conseguiste **apuntar** la matrícula?......................... Did you manage to write down the number plate?

8. Sólo tuve tiempo para **apuntar** la primera parte........... I only had time to write down the first part.

9. ¿Qué estás **apuntando**?...................................... What are you writing down?

10. Mi médico me dijo que tengo que **apuntarlo** todo......... My doctor told me I need to write everything down.

¡APÚNTALO!

La mayoría de la gente ya no **anota** cosas porque todo el mundo tiene una PDA o un chisme similar, pero Peter es tradicional y todavía le gusta **anotar** las cosas. De hecho, **apunta** tantas cosas que gasta un taco de post-its cada día. Tiene miedo de no **anotar** algo y que se le olvide. El problema es que **anota** tantas cosas que olvida dónde las ha **apuntado**.

WRITE IT DOWN!

Most people don't write things down any more because everyone has a PDA or a similar gadget, but Peter is traditional and still likes to write things down. In fact, he writes so many things down that he uses up a stack of post-it notes every day. He's afraid of not writing something down and forgetting it. The problem is that he writes so many things down that he forgets where he has written them down.

Every day you write down...
Yesterday you wrote down...
Recently you've written down...

DOWN
¡ESCRIBIENDO!

Y ahora, contesta

1. Why don't most people write things down any more?

2. Why does Peter still like to write stuff down?

3. Why does he use up so many post-its?

4. What is he afraid will happen if he doesn't write something down?

5. What's the problem with writing so many things down?

¡TEN CUIDADO!

Es curioso cómo un verbo tan corriente como '**TO WRITE**' puede provocar tantos problemas de pronunciación:

1° Huelga decir que la '**w**' es muda al igual que la '**rrr**' española, un sonido que no existe en inglés.

2° En el pasado simple la '**o**' de '**wrote**' no es tan corta como la 'o' española (se dice 'rout').

3° La 'n' al final de '**written**' sí se pronuncia al contrario de palabras españolas como '¡Ven!' o 'Rubén'.

TO BREAK DOWN 🔒

AVERIARSE
FRACASAR

1. Llegué tarde porque mi coche **se averió**.	I was late because my car broke down.
2. Es la segunda vez que **se me avería** esta semana.	That's the second time it's broken down this week.
3. Mi ciclomotor nunca **se ha averiado**.	My moped has never broken down.
4. Un autobús **se averió** en la autopista.	A bus broke down on the freeway / motorway.
5. Las negociaciones de paz han **fracasado** una vez más.	Peace talks have broken down again.
6. Su matrimonio **fracasó** después de 3 años.	Their marriage broke down after 3 years.
7. Todo lo que tiene ahora es un coche **averiado**.*	All he has now is a broken-down car.*
8. **Se avería** un día sí y uno no.	It breaks down every other day.
9. ¿Qué hizo él cuando su coche **se averió**?	What did he do when his car broke down?
10. Él compró un coche nuevo que no **se averiaría** tanto.	He bought a new car that wouldn't break down so much.

*Refiérase a la explicación en la página siguiente.

PASANDO APUROS

De camino al aeropuerto, el coche de Peter **se averió** en la autopista pero afortunadamente pasaba un taxi que le recogió. Desgraciadamente, el taxi **se averió** también así que Peter salió del coche **averiado** e hizo autoestop. Cuando llegó por fin al aeropuerto, le dijeron que su vuelo había sido cancelado porque el avión **se había averiado** en la pista. Si Peter no llegaba a su reunión de negocios, las negociaciones **fracasarían**.

DOWN ON YOUR LUCK

On his way to the airport, Peter's car broke down on the motorway, but luckily there was a taxi passing by that picked him up. Unfortunately, the taxi broke down as well so Peter got out of the broken-down car and hitchhiked. When he finally got to the airport, he was told that his flight had been cancelled because the plane had broken down on the runway. If Peter couldn't get to his business meeting, the negotiations would break down.

Every day it breaks down...
Yesterday it broke down...
Recently it's broken down...

DOWN
¡NO ME FALLES!

Y ahora, contesta

1. What happened to Peter's car on the way to the airport?

....

2. What happened to the taxi?

....

3. What did Peter do after the taxi had broken down?

....

4. What had happened to the plane?

....

5. What would happen to the negotiations if he couldn't get to the meeting?

....

*Fíjate

En muchas ocasiones un 'phrasal verb' puede convertirse en un **ADJETIVO**.
¡Éste es uno de estos casos!

> We got stuck behind a
> **BROKEN-DOWN** truck.
> Nos quedamos atascados detrás de un
> camión **averiado**.

> A **BROKEN-DOWN** bus
> stopped traffic for hours.
> Un autobús **averiado** paró el tráfico
> durante horas.

Pero no todos los 'phrasal verbs' se pueden convertir en adjetivos.

TO LET DOWN 🔓
DECEPCIONAR A ALGUIEN
FALLAR

1. No me **falles**, ¿vale?	Don't let me down, OK?
2. ¿Te he **fallado** alguna vez?	Have I ever let you down?
3. Al pobre chico le han **fallado** mucho últimamente.	The poor guy has been let down a lot lately.
4. ¡Qué **decepción**!*	What a letdown!*
5. Él le **falló** al equipo.	He let the team down.
6. Todos se sienten **decepcionados** contigo.	Everyone feels let down by you.
7. Además te has **fallado** a ti mismo.	Plus you've let yourself down.
8. Sintieron que el gobierno les había **fallado**.	They felt that the government had let them down.
9. Si te he **fallado**, lo siento.	If I've let you down, I'm sorry.
10. Estaba muy **decepcionada** cuando se lo conté.	She was really let down when I told her.

*Refiérase a la explicación en la página siguiente.

LA DECEPCIÓN

Después de que Peter hubiera leído la última página de su libro, se sintió muy **decepcionado**. El libro trataba de un chico joven al que sus padres **fallaron** el día de Navidad y se dijo a sí mismo que él nunca le **fallaría** a nadie. El chico nunca hacía promesas porque tenía miedo de romperlas y **decepcionarle** a alguien. De ninguna manera Peter le iba a recomendar el libro a nadie porque, como el chico de la historia, no quería **decepcionarle** a nadie.

THE LETDOWN

After Peter had read the last page of his book, he felt really let down. The book was about a young boy who was let down by his parents on Christmas day and who told himself he would never let anyone down. The boy never made promises because he was afraid he would break them and let someone down. Peter certainly wasn't going to recommend the book to anyone else because like the boy in the story, he didn't want to let anyone down.

Every day she lets down...
Yesterday she let down...
Recently she's let down...

DOWN
¡NO ME FALLES!

1. How did Peter feel after he had read the book?

....

2. Who had let the boy in the story down?

....

3. When had they let him down?

....

4. Why didn't he make promises?

....

5. Why wasn't Peter going to recommend the book to anyone?

....

 ***Fíjate**

Muchas veces un 'phrasal verb' puede convertirse en un **SUSTANTIVO**.
Aquí se da este caso.

> The movie was a bit of a **LETDOWN**.
> La película fue un poco **decepcionante**.

> Let's hope it's not a **LETDOWN**.
> Esperemos que no sea **decepcionante**.

Pero no todos los 'phrasal verbs' se pueden convertir en sustantivo.
Hay que aprenderlos caso por caso, ¡lo siento!

TO BREAK DOWN 🔓
DESGLOSAR

1. El informe **desglosa** los resultados.	The report breaks down the results.
2. ¿Cómo los **desglosa**?	How does it break them down?
3. Los **desglosa** por país.	It breaks them down by country.
4. Ayúdame a **desglosar** estas cifras.	Help me to break these figures down.
5. ¿Te gusta la manera en que ella lo **desglosó**?	Do you like the way she broke it down?
6. Pienso que su **desglose** era correcto.*	I think her breakdown was correct.*
7. Los votos fueron **desglosados** por estados.	The votes were broken down by state.
8. ¿Se pueden **desglosar** aun más?	Can they be broken down any further?
9. Podríamos **desglosarlos** por ciudades.	We could break them down by city.
10. **Desglosa** el presupuesto, por favor.†	Break down the estimate, please.†

*Refiérase a la explicación en la página siguiente.
†Un presupuesto que nos indica cuánto dinero podemos gastar es 'a budget' mientras que uno que nos da una idea de lo que nos va a costar algo es 'an estimate'.

INGENUO

Peter tuvo que **desglosar** las cifras de la última campaña de ventas pero no tenía idea de cómo **desglosarlas**. Su **desglose** inicial era demasiado general y su jefe necesitaba que el **desglose** fuera muy específico. Ahora Peter no estaba seguro si debería **desglosar** las cifras de venta por condado o por ciudad. Tenía que darse prisa porque las cifras tenían que estar **desglosadas** para última hora del día. Al final, decidió **desglosarlas** por tienda. ¡Esperaba que su **desglose** no fuera demasiado específica!

SIMPLE-MINDED

Peter had to break down the figures from the last sales campaign but he had no idea how to break them down. His initial breakdown was too general and his boss needed the breakdown to be very specific. Now Peter wasn't sure if he should break down the sales figures by county or by city. He needed to hurry up because the figures had to be broken down by the end of the day. In the end, he decided to break them down by store. He hoped his breakdown wasn't too specific!

Every day he breaks down...
Yesterday he broke down...
Recently he's broken down...

DOWN
¡DE TODO
UN POCO!

1. What did Peter have to break down?

....

2. What was wrong with his initial breakdown?

....

3. How did his boss want the breakdown to be?

....

4. When did the figures need to be broken down by?

....

5. How did Peter decide to break them down in the end?

....

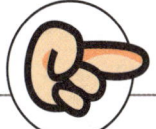

*Fíjate

¡Ya lo sabes! Muchos 'phrasal verbs' pueden convertirse en un **SUSTANTIVO COMPUESTO**.
¡Éste es uno de estos casos! Simplemente es cuestión de unir las dos palabras.

Do we have the **BREAKDOWN**?
¡Tenemos el **desglose**?

The **BREAKDOWN** is wrong.
El **desglose** está mal.

Pero no todos los 'phrasal verbs'
se pueden convertir en sustantivo.

TO TURN DOWN
RECHAZAR

1. ¿Por qué **rechazó** tu oferta?	Why did he turn your offer down?
2. Él **rechazó** las ofertas de todo el mundo.	He turned everyone's offer down.
3. ¿Habrías **rechazado** una oferta como ésa?	Would you have turned down an offer like that?
4. Ella le **rechazó**.	She turned him down.
5. He oído que él la **rechazó**.	I heard he turned her down.
6. ¿Has **rechazado** alguna vez una oferta lucrativa?	Have you ever turned down a lucrative offer?
7. ¿De verdad vas a **rechazar** el trabajo?	Are you really going to turn down the job?
8. Lo **rechazaré** si consigo una oferta mejor.	I'll turn it down if I get a better offer.
9. ¿Qué harás si el banco te **rechaza**?	What will you do if the bank turns you down?
10. Espero que no me **rechacen**.	I hope they don't turn me down.

RECHAZADO

Peter pidió salir a Jane el lunes pasado y ella le **rechazó**. No sabe por qué le **rechazó** pero cree que ella puede haberle **rechazado** por su aspecto. Jane era la tercera chica que había **rechazado** a Peter en la última semana. De hecho, ha sido **rechazado** por todas las chicas a las que ha pedido salir. Quizá le sigan **rechazando** porque sólo mide 140cm.

REJECTED

Peter asked Jane out last Monday and she turned him down. He doesn't know why she turned him down but he thinks she may have turned him down because of his appearance. Jane was the third girl to turn Peter down last week. In fact, he's been turned down by every girl he's ever asked out. Perhaps he keeps getting turned down because he's only 140cm tall.

Every day she turns down...
Yesterday she turned down...
Recently she's turned down...

DOWN
¡DE TODO UN POCO!

Y ahora, contesta

1. Who turned Peter down last Monday?

2. Why does he think she turned him down?

3. How many girls turned Peter down last week?

4. Has he ever not been turned down?

5. Why might he keep getting turned down?

Lo hemos dicho mil veces pero...
Recuerda que

Cuando el 'phrasal verb' es separable 🔓 y el complemento directo es un **PRONOMBRE**, éste ha de colocarse entre el VERBO y la PREPOSICIÓN.

Cuando el complemento directo es un **SUSTANTIVO**, éste puede estar entre el VERBO y la PREPOSICIÓN o después de la PREPOSICIÓN.

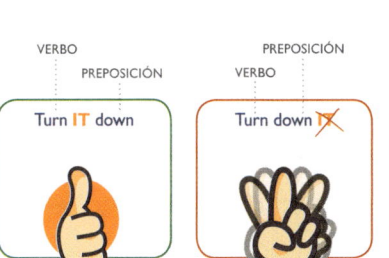

VERBO	PREPOSICIÓN
PREPOSICIÓN	VERBO
Turn **IT** down	Turn down ~~IT~~

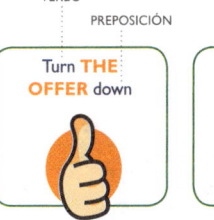

VERBO
PREPOSICIÓN
Turn **THE OFFER** down

PREPOSICIÓN
VERBO
Turn down **THE OFFER**

TO PUT IN
TO PLUG IN
HANG IN
SINK INTO GO IN
TO SEND
TO PH

TO PLUG IN

TO HANG IN

DROP IN BREAK IN

TO GET TO SINK IN

TO POP IN TO COME TO SETTLE

TO STUFF RUN TO PASS

TO STAND IN

TO TAKE AND WALK

TO SINK IN

IN

TO COME / GO IN 🔒
ENTRAR

1. Él **entró** sin llamar (a la puerta). .... He came in without knocking. *
2. ¡**Entra**! .... Come in! *
3. Yo que tú, no **entraría** ahí. .... If I were you, I wouldn't go in there.
4. Dile a Smith que puede **entrar** ahora. .... Tell Smith he can come in now.
5. El jefe dice que puede **entrar**, Sr. Smith. .... The boss says you can go in, Mr. Smith.
6. ¡Por un oído le **entra** y por el otro le sale! .... It goes in one ear and out the other!
7. La lluvia **entró** por una ventana abierta. .... The rain came in through an open window.
8. No te oí **entrar** anoche. .... I didn't hear you come in last night.
9. Si **entra** alguien, atiéndele. .... If anyone comes in, look after them.
10. Cierra la puerta para que nadie pueda **entrar**. .... Lock the door so nobody can come in.

*Refiérase a la explicación en la página siguiente.

YENDO Y VINIENDO

Cuando Sarah llegó al médico la puerta del área de recepción estaba abierta, así que **entró** y le dio su nombre a la recepcionista. La recepcionista sonrió y le dijo que **entrara** en la sala de espera a esperar al doctor. 40 minutos más tarde, una enfermera llamó a Sarah y le dijo que **entrara** en una sala más pequeña y que el doctor pronto estaría con ella. 10 minutos más tarde, la puerta se abrió y otra enfermera **entró** para tomarle la tensión a Sarah y, por fin, una hora y media más tarde, el médico **entró** a verla.

COMING AND GOING

When Sarah got to the doctor's, the door to the reception area was open, so she went in and gave the receptionist her name. The receptionist smiled and told her to go into the waiting room to wait for the doctor. 40 minutes later, a nurse called Sarah's name and told her to go into a smaller room and that the doctor would be with her shortly. Ten minutes later, the door opened and another nurse came in to take Sarah's blood pressure and finally, an hour and a half later, the doctor came in to see her.

They always come in...
Last week they came in...
They've just come in...

Hello!
we're
OPEN
IN
¡ENTRANDO!

Y ahora, contesta

1. What area did Sarah go into first at the doctor's?

2. What did the receptionist tell Sarah to do?

3. How long was it before Sarah went into the smaller room?

4. Why did the other nurse come into the smaller room?

5. When did the doctor finally come in?

 ***Fíjate**

Empleamos **COME IN** (ENTRAR) cuando nos referimos al lugar en el que nos encontramos.
Empleamos **GO IN** (ENTRAR) cuando nos referimos a un sitio diferente del que estamos.
También utilizamos **COME IN** (ENTRAR) cuando nos acercamos a nuestro interlocutor.

Sarah, can I **COME IN**?

Yes, **COME IN**!

TO GET IN 🔒
SUBIRSE (A UN COCHE, ETC.)

1. Ella **se subió** a un taxi y le dio la dirección al taxista. .... She got in(to) a taxi and gave the driver the address.

2. Ella **se subió** a la parte de atrás del taxi. .... She got in(to) the back of the taxi.

3. ¡**Sube** al coche ahora! .... Get in(to) the car now!

4. ¡Yo no me **subo** a ese trasto! .... I'm not getting in(to) that piece of junk!

5. Él **se subió** al coche por el lado equivocado. .... He got in on the wrong side of the car.

6. ¿Por qué **se subió** por el lado del copiloto? .... Why did he get in on the passenger side?

7. Al rehén le hicieron **meterse** en el maletero. .... They made the hostage get in(to) the trunk / boot.

8. Él **se subió** a su helicóptero y se fue volando. .... He got in(to) his helicopter and flew away.

9. Ella no **se** ha **subido** a un coche desde el accidente. .... She hasn't gotten in(to) a car since the accident.*

10. ¡Yo no me **subo** a ese bote! ¡Es demasiado pequeño! .... I'm not getting in(to) that boat! It's too small!

Cuando la preposición 'to' aparece en paréntesis, ésta se puede omitir.
*Refiérase a la explicación en la página siguiente.

POR TIERRA, MAR Y AIRE

Sarah se va unas días de vacaciones a una isla remota. Llegar allí será muy difícil. Primero, tendrá que **subirse** a su coche y conducir hasta un aeropuerto, donde **se subirá** a un helicóptero. La isla es demasiado pequeña para que el helicóptero pueda aterrizar, así que Sarah tendrá que bajarse del mismo y **subirse** a un bote. A Sarah no le importa tener que **subirse** al bote, pero odia volar así que la idea de **subirse** a un helicóptero le aterroriza.

BY LAND, SEA AND AIR

Sarah is going on holiday to a secluded island for a few days. Getting there will be very tricky. First, she will have to get in(to) her car and drive to an airport, where she will get in(to) a helicopter. The island is too small to land on, so Sarah will have to get out of the helicopter and get in(to) a rowboat. Sarah doesn't mind getting in(to) the rowboat, but she hates flying so the idea of getting in(to) a helicopter terrifies her.

She always gets in...
Last week she got in...
She's just got / gotten in...

IN
¡ENTRANDO!

Y ahora, contesta

1. What will Sarah have to get into to go to the airport?
....

2. What will she do at the airport?
....

3. Why will she have to get out of the helicopter before she gets to the island?
....

4. What will she get into after she gets out of the helicopter?
....

5. How does Sarah feel about helicopters?
....

 ***Fíjate**

Existen dos participios perfectos aceptables del verbo 'to get': 'GOT' y 'GOTTEN'. Escucharás más uno u otro dependiendo del lado del charco en el que te encuentres.

INGLÉS BRITÁNICO	**INGLÉS NORTEAMERICANO**
I haven't **GOT IN** a car in ages. No me he **subido** a un coche en mucho tiempo.	I haven't **GOTTEN IN** a car in ages. No me he **subido** a un coche en mucho tiempo.

No se considera una de las formas más correcta que la otra. Curiosamente, el participio 'norteamericano' se utilizaba en la Inglaterra de Shakespeare.

TO BREAK IN 🔒
ENTRAR A LA FUERZA
ENTRAR A ROBAR

1. Anoche alguien **entró** en mi coche **a la fuerza**. .... Someone broke into my car last night.‡

2. ¿Sabes quién **entró**? .... Do you know who broke in?

3. Lo **abrieron** con una percha. .... They broke in using a coat-hanger.†

4. Ha habido muchos **robos** últimamente. .... There have been a lot of break-ins lately.*

5. Si nos vuelven a **robar**, nuestro seguro subirá. .... If we have another break-in, our insurance will go up.

6. **Entraron a robar** por la noche. .... They broke in at night.

7. **Entraron a robar** en su casa mientras estaban fuera. ...... Their house was broken into while they were out.

8. ¿Cómo **forzaron la cerradura**? .... How did they break in?

9. ¿**Entraron a robar** en la casa de alguien más? .... Was anyone else's house broken into?

10. Si alguien quiere **entrar a robar**, encontrará la manera. ...... If someone wants to break in, they'll find a way.

*Refiérase a la explicación en la página siguiente.

†Observa que si no hay complemento directo, no usamos la preposición 'to'.

‡Si hay complemento directo o si la frase se expresa en la voz pasiva, empleamos 'break into.'

EN APUROS

Sarah estaba pensando en todos los **robos** que había habido en su vecindario últimamente cuando se dio cuenta de que había cerrado el coche con las llaves dentro. Su única opción era **entrar a la fuerza** en su propio coche, por lo que decidió **forzar la cerradura** usando un destornillador. Desafortunadamente, una vecina que también estaba preocupada por todas las veces que habían **entrado a robar** en el vecindario llamó a la policía. Ella pensó que Sarah estaba **forzando la cerradura** del coche de otra persona. Cuando Sarah explicó que estaba **forzando la cerradura** de su propio coche, el policía no parecía convencido.

IN A BIND

Sarah was thinking about all the break-ins there had been in her neighbourhood lately when she realized she had just locked her keys in her car. Her only option was to break into her own car, so she decided to break in using a screw-driver. Unfortunately, a neighbour who was also worried about all the break-ins in the neighbourhood called the police. She thought that Sarah was breaking into someone else's car. When Sarah explained that she was breaking into her own car, the policeman didn't seem convinced.

They always break in...
Last week they broke in...
They've just broken in...

Hello!
we're
OPEN

IN

¡ENTRANDO!

Y ahora, contesta

1. What was Sarah thinking about when she locked her keys in her car?
....

2. What was her only option?
....

3. How did she decide to break in?
....

4. What did a concerned neighbour think?
....

5. What did Sarah try to explain to the policeman?
....

*Fíjate

Muchas veces un 'PHRASAL VERB' se convierte en un **SUSTANTIVO**.
¡Éste es uno de estos casos!

We've had two **BREAK-INS** this month.
Hemos sufrido dos **robos** este mes.

Alarms prevent **BREAK-INS**.
Las alarmas evitan **robos**.

Pero no se pueden convertir todos los
PHRASAL VERBS en SUSTANTIVO.

TO TAKE IN 🔓
COMPRENDER
ASIMILAR

1. Ésa es mucha información para **asimilar**. .... That's a lot of information to take in.

2. ¿(Él) **comprendió** todo lo que dijiste? .... Did he take in everything you said?

3. Fue difícil para él **asimilarlo** todo. .... It was difficult for him to take it all in.

4. Escuché el discurso, pero no **comprendí** ni una palabra. .... I listened to the speech but I didn't take in a word.

5. Necesitarás una semana para **asimilar** todo. .... You'll need a week to take everything in.

6. Ella iba a clase, pero casi nunca **asimilaba** nada. .... She went to class but hardly ever took anything in.

7. Nadie **comprendió** nada de lo que dijimos. .... Nobody took in anything we said.

8. No tuvimos tiempo para **asimilarlo** todo. .... We didn't have time to take in everything.

9. No había suficiente tiempo para **asimilarlo** todo. .... There wasn't enough time to take it all in.

10. Era difícil **comprender** lo que estaba oyendo. .... It was difficult to take in what I was hearing.

DEMASIADO

Sarah estaba intentando aprender cómo diseñar páginas web, pero las clases eran aburridas y había demasiada información que **asimilar**. Intentaba prestar atención, pero el profesor hablaba tan rápido que no podía **comprender** todo lo que decía. Muchos de sus compañeros estaban garabateando o mirando por la ventana, por lo que sabía que no era la única que no **comprendía** lo que se estaba diciendo. Al principio, Sarah había pensado que un curso de tres meses sería suficiente para **asimilar** lo básico, pero ahora sabía que necesitaría por lo menos un año para **comprenderlo** todo.

TOO MUCH

Sarah was trying to learn how to design web pages but the classes were boring and there was too much information to take in. She tried to pay attention but the teacher spoke so fast that she couldn't take in everything he said. A lot of her classmates were doodling or looking out the window, so she knew she wasn't the only one not taking in what was being said. At first, Sarah had thought that a three-month course would be enough to take in the basics, but now she knew that she would need at least a year to take everything in.

We always take in...
Last week we took in...
We've just taken in...

IN

**¡AHORA
ENTIENDO!**

Y ahora, contesta

1. What was the problem with the classes?

2. Why couldn't Sarah take in everything the teacher said?

3. How did she know she wasn't the only one not taking in everything being said?

4. How long had she thought it would take her to take in the basics?

5. What did Sarah know now?

Recuerda que

Cuando el 'phrasal verb' es separable 🔓 y el complemento directo es un **PRONOMBRE**, éste ha de colocarse entre el VERBO y la PREPOSICIÓN.

Cuando el 'phrasal verb' es separable 🔓 y el complemento directo es un **SUSTANTIVO**, éste puede colocarse entre el VERBO y la PREPOSICIÓN o después de la PREPOSICIÓN.

VERBO
PREPOSICIÓN

Take **IT** in

👍

PREPOSICIÓN
VERBO

Take in ~~IT~~

✌️

VERBO   PREPOSICIÓN

Take **THE
INFORMATION** in

👍

PREPOSICIÓN
VERBO

Take in **THE
INFORMATION**

👍

TO FILL IN 🔒
SUSTITUIR

1. El vicepresidente **sustituyó** al presidente. .... The Vice President filled in for the President.

2. ¿Puedes **sustituirme** mientras estoy fuera? .... Could you fill in for me while I'm away?

3. El Sr. Smith **sustituirá** a la Sra. Jones esta semana. .... Mr. Smith will be filling in for Mrs. Jones this week.

4. Si me **sustituyes**, ¡no tendré un trabajo al que volver! ..... If you fill in for me, I won't have a job to come back to!

5. ¿Te gustaría **sustituir** a un sepulturero? .... Would you like to fill in for a grave digger?

6. Si te pones enfermo, yo te **sustituiré**. .... If you get ill, I'll fill in for you.

7. ¿Quién **sustituye** a un dictador cuando está enfermo? ...... Who fills in for a dictator when he's sick?

8. Alguien tiene que **sustituir** a la secretaria esta semana.... Someone has to fill in for the secretary this week.

9. ¿Quién la **sustituirá** mientras esté de baja maternal? .... Who'll fill in for her while she's on maternity leave?

10. Mi trabajo es tan fácil que un mono podría **sustituirme**. ..... My job is so easy that a monkey could fill in for me.

INUNDADA

Era época de gripe y muchos de los compañeros de Sarah estaban enfermos en casa, así que mucha gente les estaba **sustituyendo**. Sarah había llamado a una agencia de trabajo temporal para encontrar a alguien que **sustituyera** a la secretaria, pero le dijeron que todas las secretarias que tenían ya estaban **sustituyendo** en otro sitio. Al final, Sarah se rindió y decidió intentar **sustituir** a la secretaria ella misma. Lógicamente, mientras Sarah estaba **sustituyendo** a la secretaria nadie estaba **sustituyéndola** a ella y su trabajo se estaba amontonando.

SWAMPED

It was flu season and a lot of Sarah's colleagues were sick at home, so a lot of people were filling in for them. Sarah had called a temp agency to find someone to fill in for the secretary but they told her that all the secretaries they had were already filling in elsewhere. In the end, Sarah gave up and decided to try and fill in for the secretary herself. Of course, while Sarah was filling in for the secretary, no one was filling in for her and her work was piling up.

I always fill in...
Last week I filled in...
I've just filled in...
¡SUSTITUYENDO!

Y ahora, contesta

1. Why were a lot of people filling in at Sarah's office?

2. Why did she call a temp agency?

3. Why couldn't they send a secretary to fill in?

4. What did Sarah decide to do?

5. Why was Sarah's work piling up?

Recuerda que

En inglés 'we fill in **FOR** someone':

Sarah filled in **FOR** her colleague.
Sarah **sustituyó** a su compañera.

Who did she fill in **FOR**?
¿A quién **sustituyó** ella?

TO HAND IN 🔓

ENTREGAR
PRESENTAR

1. ¿Cuándo tenemos que **presentar** el proyecto final?	When do we have to hand in the final project?
2. Se suponía que lo ibas a **entregar** la semana pasada.	You were supposed to hand it in last week.
3. Entregué el primer borrador la semana pasada.	I handed in the first draft last week.
4. A lo mejor deberías **presentar** tu dimisión.	Maybe you should hand in your resignation.
5. Presentaré la mía si tú **presentas** la tuya.	I'll hand in mine if you hand in yours.
6. He perdido mi cartera, ¿alguien ha **entregado** una?	I've lost my wallet; has anyone handed one in?
7. Alguien **entregó** una ayer.	Someone handed one in yesterday.
8. ¿Puedes **entregar** mis deberes por mí, por favor?	Could you hand my homework in for me, please?*
9. No tenemos que **presentarlos** hasta el viernes.	We don't have to hand it in until Friday.*
10. Smith **presentó** su renuncia la semana pasada.	Smith handed in his notice last week.

*¡Así es! 'Homework' es singular en inglés.

¡TAXI!

Después de rellenar su declaración de la renta, Sarah decidió **entregarla** personalmente para evitar problemas. Tenía que ir a Hacienda para **entregarla**, así que decidió coger un taxi. Cuando llegó a Hacienda, se dio cuenta de que no podía **presentar** su declaración de la renta porque se había dejado la cartera en el taxi y necesitaba su carné de identidad para **entregar** los documentos. La única esperanza de Sarah era que alguien la hubiera encontrado y la hubiera **entregado** su cartera.

TAXI!

After filling in her tax forms, Sarah decided to hand them in personally to avoid any problems. She had to go to the IRS office to hand them in, so she decided to take a taxi. When she got to the IRS, she realized that she couldn't hand in her tax forms because she had left her purse in the taxi and she needed her ID to hand in the documents. Sarah's only hope was that someone had found it and handed it in.

I always hand in...
Last week I handed in...
I've just handed in...

IN
¡ENTRÉGALO!

Y ahora, contesta

1. What did Sarah have to hand in?

2. Why did she want to hand them in personally?

3. Where did she have to go to hand them in?

4. Why couldn't she hand in her documents?

5. What did Sarah hope?

¡TEN CUIDADO!

El verbo regular '**TO HAND**' (entregar) acaba con un sonido de 'd' en el infinitivo.
Por eso en el pasado (handed) y participio (handed) tenemos que añadir una sílaba que pronunciamos "id":

PASADO	**PARTICIPIO**
El final del verbo en el pasado se pronuncia '**id**' ¡no '**ed**'!: **HANDID**	El final del participio también se pronuncia '**id**' ¡no '**ed**'!: **HANDID**

¡Nunca digas **HAN-DED**!

TO DROP IN 🔒
IR A VISITAR A ALGUIEN

1. Él siempre **viene a vernos** si está en el barrio. .... He always drops in if he's in the neighbourhood.

2. El martes pasado ella **vino a verme** para charlar. .... She dropped in last Tuesday for a chat.

3. Él pasó unas horas **visitando** a viejos amigos. .... He spent a few hours dropping in on old friends.*

4. Iré a verte mañana después del trabajo. .... I'll drop in tomorrow after work.

5. Si alguna vez estás por la zona, **¡ven a visitarme!** .... If you're ever in the area, drop in to see me!

6. Ella no quería **venir a vernos** sin avisar. .... She didn't want to drop in unannounced.

7. Él siempre tiene caramelos para cuando **vienen las visitas**. .. He always has sweets for when visitors drop in.

8. **Ve a visitar** a tu abuela cuando tengas tiempo. .... Drop in on your grandmother when you get a chance.

9. El cura **fue a visitar** a la viuda. .... The priest dropped in on the widow.

10. ¡Esperaba que **vinieras a verme!** .... I was hoping you'd drop in!

*Refiérase a la explicación en la página siguiente.

HACIENDO VISITAS

Sarah no había vuelto a su pueblo en casi un año y después de **ir a ver** a sus padres, ella quiso **visitar** a algunos viejos amigos. La primera persona que **visitó** fue su antigua compañera de habitación de la universidad. Hablaron durante una hora y después Sarah **fue a visitar** a su tía abuela, que se puso loca de contenta al verla. Después de eso, Sarah **visitó** a una familia a cuyos niños solía cuidar. Los padres estaban en casa, pero los niños habían ido a **visitar** a su abuela que vivía al otro lado del pueblo.

MAKING THE ROUNDS

Sarah hadn't been back to her home town in almost a year and after dropping in on her parents, she wanted to drop in on a few old friends. The first person she dropped in on was her old college roommate. They talked for an hour and then Sarah went to drop in on her great aunt, who was ecstatic to see her. After that, Sarah dropped in on a family whose children she used to baby-sit for. The parents were home, but the children had gone to drop in on their grandmother who lived on the other side of the town.

You always drop in...
Last week you dropped in...
You've just dropped in...

IN
¡PASO A VERTE!

Y ahora, contesta

1. What did Sarah want to do after dropping in on her parents?

2. Why did she want to drop in on so many people?

3. What was Sarah's great aunt's reaction when Sarah dropped in?

4. Who did Sarah drop in on next?

5. Why weren't the children at home?

*Recuerda que

En inglés 'we drop in **ON** someone':

Sarah dropped in **ON** her grandmother.
Sarah **fue a visitar** a su abuela.

Who did she drop in **ON**?
¿A quién **fue a visitar**?

Los verbos que hemos visto en este sección ('to drop' y 'to pop') pueden ir acompañados de la preposición 'by' (en lugar de 'in') manteniendo el mismo significado.

TO PUT IN 🔓

METER
PONER

1. ¿A qué hora **metiste** el pollo en el horno?	What time did you put the chicken in the oven?
2. Él volvió a **meter** su cartera en el bolsillo derecho.	He put his wallet back in his right pocket.
3. ¿Cuántos azucarillos **pusiste** en el café?.	How many sugars did you put in your coffee?
4. No te lo juegues todo a una sola carta.	Don't put all your eggs in one basket.*
5. Él **puso** un poco de whisky en su café a escondidas.	He put a little whiskey in his coffee on the sly.
6. **Eché** la carta al buzón sin sello.	I put the letter in the mailbox without a stamp.
7. ¿Sabes cómo **poner** estas pilas?.	Do you know how to put these batteries in?
8. Él **puso** el CD en el equipo y le dio al 'play'.	He put the CD in the hi-fi and pushed 'play'.
9. ¡Quien haya **puesto** sal en el azucarero se arrepentirá!	Whoever put salt in the sugar jar will regret it!
10. Ella encontró 20 dólares y los **metió** en su monedero.	She found $20 and put it in her purse.†

*Refiérase a la explicación en la página siguiente.

†No olvides que cuando nos referimos al dinero siempre empleamos 'it', ya que es incontable.

CÓMO HACER LA MALETA

Sarah iba a tomarse un muy merecido fin de semana largo y estaba haciendo la maleta. Primero **puso** sus blusas al fondo de la maleta y después **metió** algunos vestidos. Después **metió** dos pantalones y un pantalón corto. Para dejar algo de espacio, **metió** los calcetines dentro de los zapatos y **puso** los zapatos en el compartimento exterior. Al final, **metió** las cosas de aseo en su neceser y lo **metió** en la maleta también. Sarah estaba segura de que había olvidado **meter** algo en la maleta, pero ya había **metido** tanta ropa que, de todos modos, no podría **meter** nada más.

HOW TO PACK A SUITCASE

Sarah was taking a much-deserved long weekend and was packing her suitcase. First, she put her blouses in the bottom of the suitcase and then she put in a few dresses. Next, she put in two pairs of trousers and a pair of shorts. To save some space, she put her socks in her shoes and put the shoes in the outer compartment. Finally, she put all her toiletries in her toiletry bag and put that in the suitcase as well. Sarah was sure she had forgotten to put something in her suitcase, but she had already put in so many clothes that she couldn't put anything else in anyway.

They always put in...
Last week they put in...
They've just put in...

IN

¡INTRODUCIENDO!

Y ahora, contesta

1. Why was Sarah putting clothes in a suitcase?

2. What did she put in the bottom of her suitcase?

3. How did she save space?

4. What did she put in her toiletry bag?

5. Why couldn't she put anything else in her suitcase?

 ***Fíjate**

'Don't **PUT** all your eggs **IN** one basket' es una frase hecha que significa, literalmente:

> '**No pongas todos tus huevos en una cesta**'

Claro, si se te cae la cesta, te quedas sin huevos.
Vaughan, ¡siempre buscando la explicación más fina!

Pero la traducción correcta es:

> '**No te lo juegues todo a una sola carta**'

TO PLUG IN 🔓
ENCHUFAR

1. ¿Dónde podemos **enchufar** la tele?	Where can we plug the TV in?
2. **Enchúfala** ahí.	Plug it in over there.
3. Ya hay algo **enchufado** ahí.	There's already something plugged in over there.
4. **Enchufa** el ladrón primero.	Plug in the multi-socket plug first.
5. ¿No volará algo si **enchufo** demasiadas cosas?	Won't something blow up if I plug too many things in?
6. Va a pilas, así que no tienes que **enchufarlo**.	It uses batteries, so you don't have to plug it in.
7. Comprueba que esté **enchufado**.	Check that it's plugged in.
8. Deberías poder **enchufar** la cámara en la tele.	You should be able to plug the camera into the TV.
9. El cable no es lo bastante largo para **enchufarlo**.	The cable isn't long enough to plug it in.
10. Podríamos **enchufarlo** en un alargador.	We could plug it in to an extension cord.

TRASTOS Y CHISMES

Sarah había comprado un ordenador nuevo y un montón de accesorios para él. Tenía muchas ganas de usarlo, pero no tenía suficientes enchufes donde **enchufar** todo, así que **enchufó** una regleta. Después **enchufó** el ordenador, **enchufó** el monitor y **enchufó** los altavoces. Todavía tenía que **enchufar** la impresora, pero no había ningún enchufe libre en la regleta, así que **enchufó** un ladrón y **enchufó** la impresora. Dos días después hubo un pequeño fuego porque Sarah había **enchufado** demasiadas cosas.

GIZMOS AND GADGETS

Sarah had bought a new computer and a lot of accessories to go with it. She couldn't wait to use it, but she didn't have enough plug sockets to plug everything in, so she plugged in a multi-socket extension lead. Then, she plugged in the computer, she plugged in the monitor and she plugged in the speakers. She still needed to plug the printer in, but there weren't any free sockets left on the multi-socket extension lead, so she plugged a multi-socket plug in and plugged in her printer. Two days later, a small fire broke out because Sarah had plugged in too many things.

We always plug in...
Last week we plugged in...
We've just plugged in...

IN

¡INTRODUCIENDO!

Y ahora, contesta

1. Why couldn't Sarah use her computer right away?

2. How did she solve the problem?

3. What devices did she plug in?

4. Why couldn't she plug in her printer?

5. Why did a small fire break out?

¡TEN CUIDADO!

Si has escuchado bien al audio, sabrás pronunciar 'to plug' como un nativo.
También sabras que no se pronuncia la 'u' como en español. ¡Hay que bajar la mandíbula!
Es más bien como una 'a' prolongada: /pláag/. Ya lo sabes, lo sé.

El final del pasado del verbo suena como una '**d**' fuerte (no 'ed'):
PLUGGXD

El final del participio perfecto del verbo suena como una '**d**' fuerte (no 'ed'):
PLUGGXD

En el pasado y participio perfecto del verbo **TO PLUG** no se pronuncia la sílaba 'ed' como sílaba adicional.
Es decir, '**plugged**' tiene UNA SOLA SÍLABA, igual que '**plug**'.

TO PUSH IN 🔒
COLARSE

1. ¡Eh, no **te cueles**!	Hey! Don't push in!
2. ¿Acaba de **colarse** ese hombre?	Did that man just push in?
3. Ella **se coló** detrás de su amiga en la cola.	She pushed in next to her friend in the line*.
4. ¡Cómo te atreves a **colarte**!	How dare you push in!
5. Que alguien le diga a esa señora que acaba de **colarse**.	Someone tell that old lady she just pushed in.
6. Ella sabe muy bien que **se coló**.	She knows full well she pushed in.
7. Él **se coló** despreocupadamente.	He pushed in nonchalantly.
8. Empezó una pelea en la cola después de que él **se colara**.	A fight started in the queue after he pushed in.
9. Quien **se cuele** será enviado al final.	Anyone who pushes in will be sent to the back.
10. ¡No **me** estoy **colando**!	I'm not pushing in!

*Line (cola): inglés norteamericano; Queue (cola): inglés británico.

¡QUÉ CARA!

Sarah estaba en la cola exprés del supermercado con sólo cuatro artículos en su cesta cuando una señora mayor pequeñita le preguntó si podía **colarla**, ya que tenía pocas cosas. Sarah le dejó **colarse** y vio cómo la señora ponía 15 artículos en la cinta pero, antes de que pudiera decir nada, otras dos señoras **se colaron** mientras le agradecían a Sarah su amabilidad. Justo cuando Sarah se estaba acercado al principio de la cola, un hombre se acercó a ella y le dijo que **se había colado**. Sarah se preguntó cómo podía haber**se colado** cuando él ni siquiera estaba en la cola, pero él le dijo que había olvidado la pasta de dientes y que había dejado la cola para ir a por ella. Sarah le dejó pasar delante de ella pero, para ella, él era quien **se había colado**.

WHAT A NERVE!

Sarah was in the express line at the supermarket with only four items in her basket when a little old lady asked her if she could push in, since she only had a few items. Sarah let her push in and watched as the old lady put 15 items on the belt, but before she could say anything, two other old ladies pushed in while thanking Sarah for her kindness. Just as Sarah was nearing the front of the line, a man came up to her and told her that she had pushed in. Sarah wondered how she could have pushed in when he wasn't even in the line, but he told her that he had forgotten toothpaste and had left the line to go get it. Sarah let the man in front of her but, as far as she was concerned, he was the one who had pushed in.

She always pushes in...
Last week she pushed in...
She's just pushed in...

IN

¡QUÉ MODALES!

Y ahora, contesta

1. What did the old lady ask Sarah?

....

2. What happened after Sarah let the old lady push in?

....

3. What did the man say Sarah had done?

....

4. What did Sarah wonder?

....

5. What was Sarah's thought about the man?

....

¡TEN CUIDADO!

¡Y la Goya a la mejor pronunciación es para '**TO PUSH**' por bajando su mandíbula en la 'u'!

El final del pasado del verbo suena como una '**t**' fuerte (no 'ed'):
PUSHⱮT

El final del participio perfecto del verbo suena como una '**t**' fuerte (no 'ed'):
PUSHⱮT

En el pasado y participio perfecto del verbo **TO PUSH**, no se pronuncia la 'ed' como una sílaba adicional.
Es decir, '**pushed**' tiene SÓLO UNA SÍLABA, igual que '**push**'.

TO BUTT IN 🔒

INTERRUMPIR
METERSE

1. ¡No **te metas**! .... Don't butt in!

2. Siento **interrumpir** pero, ¿has visto a mi mujer? .... Sorry to butt in but, have you seen my wife?

3. Tendrás que **interrumpir** si quieres dar tu opinión. .... You'll have to butt in if you want to have your say.

4. Si vuelves a **interrumpir**, te saco del tribunal a patadas. ..... If you butt in again, I'll kick you out of the courtroom.

5. Él siempre **se mete** en las conversaciones de los demás. ... He always butts in on other people's conversations.

6. Ella **interrumpió** cuando él estaba terminando su discurso. ... She butted in as he was concluding his speech.

7. Cada vez que tengo algo que decir, tú **interrumpes**. .... Every time I have something to say, you butt in.

8. Todos se enfadaron cuando ella **interrumpió**. .... Everyone got angry when she butted in.

9. ¿Puedo **interrumpir** un segundo? .... Can I butt in here for a second?

10. ¿De verdad **interrumpiste** al jefe cuando estaba hablando? Did you really butt in while the boss was speaking?

MALA COSTUMBRE

Cuando Sarah era niña desarrolló la mala costumbre de **interrumpir** cuando los demás estaban hablando. Tenía que **interrumpir** mucho en casa, porque era la más joven y nadie hacía caso a lo que decía. En el instituto, los profesores de Sarah siempre le echaban la bronca por **interrumpir** mientras hablaban y le dijeron que si tenía algo que decir, tendría que levantar la mano. Finalmente, Sarah aprendió que **interrumpir** era de mala educación y dejó de **interrumpir** cuando los demás estaban hablando. Después de todo, a nadie le gusta cuando alguien **se mete** en sus conversaciones.

A BAD HABIT

When Sarah was a kid she developed the bad habit of butting in when other people were speaking. She had to butt in a lot at home because she was the youngest and no one ever paid attention to what she said. At school, Sarah's teachers were always telling her off for butting in while they were speaking, and told her that if she had something to say, she should raise her hand. Eventually, Sarah learned that butting in was rude and stopped butting in when others were talking. After all, nobody likes it when someone butts in on their conversations.

You always butt in...
Last week you butted in...
You've just butted in...

IN

¡QUÉ MODALES!

Y ahora, contesta

1. When Sarah was a kid, what was her bad habit?

....

2. Why did she have to butt in a lot at home?

....

3. Why were Sarah's teachers always telling her off?

....

4. What did Sarah eventually learn?

....

5. What doesn't anyone like?

....

 **Fíjate**

El verbo 'to butt' (topetar) es lo que hacen las cabras cuando pelean.

Por eso usamos 'to butt heads' cuando dos personas no están de acuerdo.

Además, 'a head-butt' es 'un cabezazo.' (¿Os acordáis del mundial de 2006 cuando Zinedine Zidane propinó un cabezazo a un jugador italiano?) Una persona tiene que estar muy *cabreada* para hacer semejante cosa.

Así que la próxima vez que alguien **se meta** (butts in) en tu conversación, ¡no te *cabrees* y propínale un **cabezazo** (head-butt)!

TO BUMP INTO 🔒
TOPARSE
CHOCAR(SE)

1. Adivina con quién **me topé** el otro día. .... Guess who I bumped into the other day.

2. Él **se topó** con su ex mujer en el supermercado. .... He bumped into his ex-wife at the supermarket.

3. Ella **se topó** con un compañero el fin de semana. .... She bumped into a colleague on the weekend.*

4. Él se sorprendió al **toparse** con su antiguo jefe. .... He was surprised to bump into his old boss.

5. ¡Qué mala suerte fue **toparse** con Jones! .... What bad luck it was bumping into Jones!

6. Nunca sabes con quién **te toparás**. .... You never know who you'll run into!†

7. Ella **se chocó** con él y le hizo tirar su copa. .... She bumped into him and made him spill his drink.

8. Estaba oscuro y él **se chocó** contra la mesa. .... It was dark and he bumped into the table.

9. Frené de golpe y el coche de detrás **chocó** contra mí. .... I braked hard and the car behind bumped into me.

10. Él **se chocó** contra la puerta de cristal. .... He bumped into the glass door.

*Los británicos suelen decir 'at the weekend' en vez de 'on the weekend'.
†Refiérase a la explicación en la página siguiente.

¡QUE CASUALIDAD!

El coche de Sarah estaba en el taller otra vez porque había **chocado** contra otro coche y roto las luces. De camino a casa, Sarah **se topó** con uno de sus profesores de primaria al que hacía mas de 15 años que no veía. Hablaron un rato y él le dijo que justo el otro día **se** había **topado** con otra alumna de la misma clase. Resultó que la otra alumna había sido una de las mejores amigas de Sarah en aquel entonces, pero no se habían visto desde que Sarah cambió de colegio. Puesto que el profesor de Sarah **se** había **topado** con ellas dos en el mismo barrio, era posible que Sarah **se topara** con su vieja amiga algún día también.

WHAT A COINCIDENCE!

Sarah's car was at the mechanic's again because she had bumped into another car and broken her headlights. Walking home, Sarah bumped into one of her primary school teachers who she hadn't seen in over 15 years. They talked for a while and he told her that just the other day he had bumped into another student from the same class. It turned out that the other student had been one of Sarah's best friends at the time, but they hadn't seen each other since Sarah changed schools. Since Sarah's teacher had bumped into them both in the same neighbourhood, it was possible that Sarah would bump into her old friend someday as well.

I always bump into...
Last week I bumped into...
I've just bumped into...

¡LOS 'INTO'!

Y ahora, contesta

1. Why was Sarah's car at the mechanic's again?

....

2. Who did she bump into on her way home?

....

3. Who had her teacher bumped into recently?

....

4. Where had the teacher bumped into Sarah and her old classmate?

....

5. What was possible?

....

 **†Fíjate**

En español podemos decir '*tropezar con alguien*' o '*toparse con alguien*'', así como

en inglés decimos 'to run into' o 'to bump into' porque significan lo mismo.

Sarah ran into **an old friend.** Sarah **tropezó con** un viejo amigo.	**Sarah** bumped into **an old friend.** Sarah **se topó con** un viejo amigo.

No se considera una de las formas más correcta que la otra.
¡Consideremos estos dos verbos como un 'dos por uno'!

TO LOOK INTO 🔒

INVESTIGAR
EXAMINAR

1. Las autoridades están **investigando** sus finanzas (de ella). ... The authorities are looking into her finances.

2. Le pediré a mi amigo que te lo **examine**. .... I'll ask my friend to look into it for you.

3. Él está **investigando** la historia de su familia. .... He's looking into his family's history.

4. El gobierno está **investigando** el asunto. .... The government is looking into the issue.

5. ¿Hemos **examinado** todas las posibilidades? .... Have we looked into all the possibilities?

6. Él contrató a un detective para **investigarlo**. .... He hired an investigator to look into it.

7. El periodista quería **investigar** la historia más a fondo. ..... The journalist wanted to look into the story further.

8. Los científicos están **buscando** una cura para la calvicie. ... Scientists are looking into a cure for baldness.

9. Ella contrató a un abogado para que **investigara** su caso. .... She hired a lawyer to look into her case.

10. Están **investigando** un posible avistamiento de un OVNI. .. They are looking into a possible UFO sighting.*

*'UFO' significa 'Unidentified Flying Object'.

BUSCANDO PROBLEMAS

Después de que las autoridades **examinaran** las cuentas bancarias del alcalde, éste fue detenido y metido en la cárcel mientras la policía **investigaba** varios negocios suyos. En primer lugar, **investigaron** un restaurante que al parecer no había servido ni una comida en más de una década. Después **investigaron** un concesionario de coches que sólo tenía un coche en venta. Por último, intentaron **investigar** a una ONG a la cual el alcalde donaba, pero pronto descubrieron que la dirección que tenían no existía. La policía le dijo al alcalde que era hora de que **estudiara** la posibilidad de contratar a un abogado.

LOOKING FOR TROUBLE

After the authorities had looked into the mayor's bank accounts, he was arrested and put in prison while the police looked into several of his businesses. First, they looked into a restaurant that apparently had not served a meal in over a decade. Then they looked into a car dealership that only had one car for sale. Finally, they tried to look into a charity organization which the mayor donated to, but soon discovered that the address they had didn't really exist. The police told the mayor it was time to look into the possibility of hiring a lawyer.

He always looks into...
Last week he looked into...
He's just looked into...

¡LOS 'INTO'!

Y ahora, contesta

1. When was the mayor arrested?

2. What did the police do while he was in prison?

3. What was suspicious about the restaurant they looked into?

4. What was suspicious about the car dealership they looked into?

5. What did they discover when they tried to look into the charity organization?

 **¡TEN CUIDADO!**

¡Y el mejor 'phrasal verb secundario es para '**TO LOOK**'!, por su papel en 'No Me Pronuncias Look-ed'.

> El final del pasado del verbo suena como una '**t**' fuerte (no 'ed'):
> **LOOK⨉T**

> El final del participio perfecto del verbo suena como una '**t**' fuerte (no 'ed'):
> **LOOK⨉T**

En el pasado y participio perfecto del verbo **TO LOOK** no se pronuncia la 'ed' como una sílaba adicional.
Es decir, '**looked**' tiene SÓLO UNA SÍLABA, igual que '**look**'.

TO FILL IN 🔓

RELLENAR
PONER

1. **Pon** tu nombre en la casilla de arriba de la derecha. .... Fill in your name in the top right-hand box.

2. Después, **pon** tu edad en la casilla de abajo de la izquierda. Then, fill in your age in the bottom left-hand box.

3. Lo **rellené** mal. .... I filled it in wrong.

4. Asegúrate de **rellenarlo** claramente esta vez. .... Make sure you fill it in neatly this time.

5. ¿Tengo que **rellenar** todos los espacios? .... Do I have to fill in all the spaces?

6. **Rellena** esta encuesta y ¡podrías ganar un premio! .... Fill out this survey and you could win a prize!*

7. Él **rellenó** una solicitud la semana pasada. .... He filled in an application last week.

8. Debes **rellenar** un visado. .... You must fill out a visa.*

9. Su solicitud (de él) sólo estaba **rellenada** a medias. .... His application was only half filled-in.

10. **Rellena** el impreso de descuento. .... Fill out the rebate form.*

*Refiérase a la explicación en la página siguiente.

FORMULARIOS COMPLICADOS

Cuando Sarah terminó de **rellenar** su declaración de la renta se dio cuenta de que la había **rellenado** mal. Debería haber utilizado un boli negro o azul para **rellenar** los impresos, pero los había **rellenado** con un boli rojo. Después de **rellenarlos** de nuevo, vio que no había **puesto** toda la información de la última página. Era la página más importante y si no estaba **completa**, los impresos le serían devueltos y tendría que volver a **rellenarlo** todo.

TAXING FORMS

After Sarah had finished filling in her tax forms, she realized that she had filled them in wrong. She should have used a black or blue pen to fill the forms in but she had filled them in with a red pen. After filling them in again, she saw that she hadn't filled in all of the information on the last page. It was the most important page and if it wasn't filled in, the forms would be returned to her and she would have to fill in everything again.

I always fill in...
Last week I filled in...
I've just filled in...

IN
¡UN POCO DE TODO!

Y ahora, contesta

1. What had Sarah filled in wrong?

2. What colour ink did she use to fill them in?

3. What colour should she have used to fill them in?

4. Which page was the most important to fill in?

5. What would happen if it wasn't completely filled in?

*Fíjate

Son dos los 'phrasal verbs' aceptables: '**TO FILL IN**' y '**TO FILL OUT**'. Escucharás más uno u otro dependiendo del lado del charco en el que te encuentres.

INGLÉS BRITÁNICO

Please **FILL IN** the form.
Por favor **rellena** el formulario.

INGLÉS NORTEAMERICANO

Please **FILL OUT** the form.
Por favor **rellena** el formulario.

Sin embargo, en los dos lados del charco siempre decimos
'**TO FILL IN** the **blanks**' (rellenar los **huecos**) y nunca 'to fill *out* the blanks'.

TO CHECK IN 🔒 🔓

REGISTRARSE
FACTURAR

1. Tienes que **registrarte** antes de recibir la llave. .... You have to check in before you get your key.
2. **Regístrese** en la recepción del hotel. .... Check in at the reception desk of the hotel.
3. No pudimos **registrarnos** hasta las 2 de la tarde. .... We couldn't check in until 2pm.
4. ¿Dónde está el área de **facturación**? .... Where's the check-in area?*
5. Deberías **facturar** tres horas antes de partir. .... You should check in three hours before departure.
6. No tienes que **facturar** el equipaje de mano. .... You don't have to check hand-luggage in.
7. ¡Llegamos al mostrador de **facturación** justo a tiempo! ..... We got to the check-in desk just in time!*
8. Es más fácil **facturar** online. .... It's easier to check in on-line.
9. **Fueron al** mejor hotel. .... They checked into the best hotel.
10. **Regístranos** en el hotel y yo iré a recoger el coche. .... Check us in at the hotel and I'll go pick up the car.

*Refiérase a la explicación en la página siguiente.

NADA QUE DECLARAR

Sarah estaba segura de que iba a perder su vuelo porque salía en 20 minutos y todavía no había **facturado**. Cuando llegó al mostrador de **facturación**, la señora le dijo que todavía podría **facturar** para su vuelo, pero que no podría **facturar** el equipaje por las nuevas normas. Sarah no tenía equipaje que **facturar** porque la última vez que **facturó** sus maletas no las volvió a ver. Ahora siempre viaja ligera de equipaje, así no pierde tiempo **facturando**.

NOTHING TO DECLARE

Sarah was sure she was going to miss her flight because it left in 20 minutes and she still hadn't checked in. When she got to the check-in counter, the woman told her that she could still check in for her flight but that she couldn't check any luggage in because of the new rules. Sarah didn't have any luggage to check in because the last time she checked her bags in, she never saw them again. Now she always travels light so she doesn't waste time checking in.

I always check in...
Last week I checked in...
I've just checked in...

IN
¡UN POCO DE TODO!

Y ahora, contesta

1. How much time did Sarah have to check in?

2. Where did she go to check in?

3. Why couldn't she check in any luggage?

4. Did Sarah have anything to check in?

5. Why does Sarah always travel light?

*Fíjate

Muchas veces un 'PHRASAL VERB' se convierte en un **SUSTANTIVO**.
¡Éste es uno de esos casos!

I can't see the **CHECK-IN** desk.
No veo el mostrador de **facturación**.

Where's **CHECK-IN**?
¿Dónde está **Facturación**?

Pero no se pueden convertir todos los
PHRASAL VERBS' en SUSTANTIVO.

OUT

TO GIVE OUT 🔓

REPARTIR
DAR (A VARIAS PERSONAS)

1. He pasado cuatro horas **repartiendo** folletos. .... I spent four hours giving out brochures.

2. ¿Cuántos conseguiste **repartir**? .... How many did you manage to give out?

3. Ojalá **repartieran** los premios ahora, me aburro. .... I wish they would give out the prizes now; I'm bored.

4. Ella nunca **da** su número de teléfono personal. .... She never gives her personal phone number out.

5. ¿Qué número aparece en las tarjetas que **reparte**? .... What number is on the business cards that she gives out?

6. Ella sólo **da** su número del trabajo. .... She only gives out her work number.

7. No están **dando** ninguna información de momento. .... The police aren't giving out any information at the moment.

8. Ellos nunca **dan** información. .... They never give information out.

9. ¿Cómo hace Papá Noel para **repartir** todos esos regalos? .. How does Santa Claus give out all those presents?

10. Creo que algunos elfos le ayudan a **repartirlos**. .... I think some elves help him give them out.

EL NÚMERO EQUIVOCADO

Un verano Sarah consiguió un trabajo **repartiendo** pases gratis para un gimnasio. Siempre que ella **repartía** uno, tenía que coger el nombre y el número de teléfono de la persona a la que le **daba** el pase. El problema era que nadie quería **dar** su número de teléfono por miedo a ser molestado por un teleoperador. Sin embargo, si no **daban** su número, Sarah no podía **darles** los pases. Lógicamente, mucha gente le **daba** un número de teléfono falso. Cuando el dueño del gimnasio se dio cuenta de que la gente estaba **dando** información falsa canceló la promoción.

THE WRONG NUMBER

One summer, Sarah got a job giving out free gym passes. Every time she gave one out she had to get the name and telephone number of the person who she was giving the pass out to. The problem was that no one wanted to give out their phone number for fear of being bothered by a telemarketer. However, if they didn't give out their phone number, Sarah couldn't give out the passes to them. Of course, a lot of people gave out fake phone numbers. When the gym owner realized that people were giving out phoney information, he cancelled the promotion.

You always give it out...
Last week you gave it out...
You've just given it out...

OUT

¡REPARTIENDO!

Y ahora, contesta

1. What job did Sarah get one summer?

2. What did she have to get every time she gave out a pass?

3. Why didn't anyone want to give out their phone number?

4. Why did people give out the wrong phone number?

5. When did the gym owner cancel the promotion?

Recuerda que

Cuando el 'phrasal verb' es separable 🔓 y el complemento directo es un **PRONOMBRE**, éste ha de colocarse entre el VERBO y la PREPOSICIÓN.

Cuando el 'phrasal verb' es separable 🔓 y el complemento directo es un **SUSTANTIVO**, éste puede colocarse entre el VERBO y la PREPOSICIÓN o después de la PREPOSICIÓN.

VERBO · PREPOSICIÓN

Give **THEM** out

PREPOSICIÓN · VERBO

Give out ~~THEM~~

VERBO · PREPOSICIÓN

Give **THE GIFTS** out

PREPOSICIÓN · VERBO

Give out **THE GIFTS**

TO COME / GO OUT 🔒
SALIR

1. Le vi **salir** del baño hace 5 minutos.	I saw him come out of the bathroom 5 minutes ago.
2. **Salió** de la reunión con pinta de cansada.	She came out of the meeting looking tired.
3. **Sal** de nuevo por la puerta principal y gira a la derecha.	Go back out the front door and take a right.*
4. Si él **sale**, llama a la policía.	If he comes out, call the police.
5. Mi prima **sale** todas las noches.	My cousin goes out every night.
6. ¿Vas a **salir** esta noche?	Are you going out tonight?
7. **Salimos** anoche.	We went out last night.
8. Él fue secuestrado al **salir** del banco.	He was kidnapped coming out of the bank.
9. Cuando él **salió**, la prensa se volvió loca.	When he came out, the press went crazy.
10. Puedes volver a **salir**, se han ido.	You can come back out now; they've gone.*

*Fíjate en que colocamos la palabra 'back' entre el verbo y la preposición: 'go back out', 'come back out'.

EL ESTRENO

Sarah había **salido** con sus amigos al estreno de la última película de Miguel Bahía. Todos los actores asisitieron con el mismísimo director. Después de la película, Sarah y sus amigos esperaron fuera del cine a que **salieran** las estrellas, pero nadie **salió**. Después de media hora, Miguel Bahía **salió** y firmó algunos autógrafos, pero las estrellas habían **salido** por la puerta de atrás del cine para evitar la multitud.

THE PREMIERE

Sarah had gone out with her friends to the premiere of the latest Miguel Bahía movie. The whole cast were attending with the director himself. After the movie, Sarah and her friends waited outside the cinema for the stars to come out, but no one came out. After about half an hour, Miguel Bahía came out and signed a few autographs, but the stars had gone out the back door of the cinema to avoid the crowds.

You always come / go out...
Last week you came / went out...
You've just come / gone out...

OUT
¡NO TE VAYAS!

Y ahora, contesta

1.  Who had Sarah gone out with?
....

2. Where had they gone out to?
....

3. Why were they waiting outside the cinema after the movie?
....

4. How long did they wait until the director came out?
....

5. Why didn't the stars of the movie come out?
....

Fíjate

Empleamos **COME** (VENIR) cuando nos referimos al lugar en el que nos encontramos.
Empleamos **GO** (IR) cuando nos referimos a un sitio diferente al que estamos.
También utilizamos **COME** (IR) cuando nos acercamos a nuestro interlocutor.

I'm **COMING**!

Sarah, can you **COME OUT**?

TO GET OUT 🔒

SALIR

1. Ella **salió** del coche y cerró la puerta. .... She got out of the car and closed the door.*

2. Finalmente él **salió** de prisión después de 10 años. .... He finally got out of prison after 10 years.

3. Cuando **salió** la noticia nadie se sorprendió. .... When the news got out, nobody was surprised.

4. Si **sale** la verdad, todos iremos a la cárcel. .... If the truth gets out, we'll all go to jail.

5. Los niños no querían **salir** de la piscina. .... The children didn't want to get out of the pool.

6. ¡**Fuera** de mi vista! .... Get out of my sight!

7. **Sal** y quédate fuera. .... Get out and stay out.

8. ¿Podrías ayudarme a **salir** de este lío? .... Could you help me get out of this mess?

9. Él necesita **salir** más. .... He needs to get out more.

10. El ratón consiguió **salir** de la trampa. .... The mouse managed to get out of the trap.

*Cuando mencionamos de donde se sale decimos 'to get out of': 'He got out of the car'; 'She got out of the water', etc. Empleamos el verbo 'get out' para referirnos al acto de salir de un coche, de un ascensor, de una piscina o de un lío.

EL ESPECTÁCULO DE MAGIA

El mago más famoso del mundo, Harry Tricks, intentará hacer algo jamás hecho antes. Primero tendrá que **liberarse** de unas esposas y después **quitarse** una camisa de fuerza. Luego, tendrá que **salir** de una caja cerrada con llave que estará sumergida en un acuario lleno de tiburones. Si consigue **salir** de todas esas cosas, tendrá que **apartarse** del camino de los tiburones para evitar ser devorado. Si es devorado por un tiburón, tendrá que averiguar cómo **salir** de su estómago.

THE MAGIC SHOW

The most famous magician in the world, Harry Tricks, will attempt to do something never done before. First, he will have to get out of a pair of handcuffs and then get out of a straitjacket. Then, he will have to get out of a locked box submerged in an aquarium full of sharks. If he manages to get out of all of those things, he will have to get out of the way of the sharks to avoid being eaten. If he is eaten by a shark, he will have to figure out a way to get out of its stomach.

She always gets out...
Last week she got out...
She's just got / gotten* out...

OUT
¡NO TE VAYAS!

Y ahora, contesta

1. What will Harry Tricks have to get out of first?
   ....

2. What will he have to get out of next?
   ....

3. Why will it be difficult to get out of the box?
   ....

4. What will he have to do if he gets out of the box in the aquarium?
   ....

5. What will he have to figure out if he is eaten by a shark?
   ....

 **Fíjate**

Existen dos participios perfectos aceptables del verbo 'to get': 'GOT' y 'GOTTEN'.
Escucharás más uno u otro dependiendo del lado del charco en el que te encuentres.

INGLÉS BRITÁNICO	**INGLÉS NORTEAMERICANO**
They haven't **GOT OUT** of the water yet.	They haven't **GOTTEN OUT** of the water yet.
Aún no han **salido** del agua.	Aún no han **salido** del agua.

No se considera una de las formas más correcta que la otra.
Curiosamente, el participio 'norteamericano' se utilizaba en la Inglaterra de Shakespeare.

TO GO OUT 🔒
APAGARSE

1. La puerta se cerró y la luz **se apagó**. .... The door closed and the light went out.
2. El viento hizo que la vela **se apagara**. .... The wind made the candle go out.
3. Esperemos que la vela no **se apague**. .... Let's hope the candle doesn't go out.
4. Espera hasta que la luz **se apague** para entrar. .... Wait until the light goes out to go in.
5. Si dejas que **se apague** el fuego, no nos rescatarán. .... If you let the fire go out, we won't be rescued.
6. **Se** le **apagó** el cigarro, así que lo encendió otra vez. .... His cigar went out so he lit it again.
7. La luz del piloto de la caldera **se apagó**. .... The pilot light in the boiler went out.
8. Las luces **se apagaron** durante la tormenta. .... The lights went out during the storm.
9. Cuando el generador paró, las luces **se apagaron**. .... When the generator stopped, the lights went out.
10. Se aseguraron de que el fuego no **se apagase**. .... They made sure the fire didn't go out.

EN LA OSCURIDAD

Sarah estaba en casa viendo una película de miedo cuando, de repente, todas las luces **se apagaron**. Ella pensó que debía de haber sido un corte de luz, pero cuando miró por la ventana vio que ninguna de las luces de las otras casas **se** había **apagado**. Sarah tenía miedo, así que encendió algunas velas y llamó a la empresa responsable de la luz. Le dijeron que bajara al sótano y revisara la caja de los fusibles, así que Sarah cogió una vela y bajó las escaleras. La vela era la única luz que Sarah tenía y cuando se le cayó **se apagó**. No conseguía encontrar la vela en la oscuridad, así que encendió una cerilla y siguió hacia el sótano. Las cerillas **se apagaban** también y Sarah esperaba tener suficientes para llegar al sótano y averiguar por qué las luces **se** habían **apagado**.

IN THE DARK

Sarah was at home watching a scary movie when suddenly all the lights went out. She thought it must have been a power cut, but when she looked out of her window, she saw that none of the other houses' lights had gone out. Sarah was scared, so she lit some candles and called the power company. They told her to go down to the basement and check the fuse box, so Sarah took a candle and went down the stairs. The candle was the only light Sarah had and when she dropped it, it went out. She couldn't find the candle in the dark, so she lit a match and carried on to the basement. The matches kept going out too and Sarah hoped she had enough to get to the basement and find out why the lights had gone out.

It always goes out...
Last week it went out...
It's just gone out...

OUT

¿QUIÉN APAGÓ LAS LUCES?

Y ahora, contesta

1. What was Sarah doing when the lights went out?

    ....

2. How did Sarah know there hadn't been a power cut?

   ....

3. What happened when Sarah dropped the candle?

   ....

4. What kept happening to the matches?

   ....

5. Why did Sarah go down to the basement?

   ....

Recuerda que

Este 'phrasal verb' es:

INTRANSITIVO

Los 'phrasal verbs' intransitivos **no llevan complemento directo**,
por lo que, el verbo se refiere sólo al sujeto.

No se puede 'go out something'.

The candle	went out.
La vela	**se apagó**.

SUJETO · · · · · · · · · · VERBO

TO PUT OUT 🔓
APAGAR (UN FUEGO, UNA VELA)

1. ¿Te importaría **apagar** ese cigarro? .... Would you mind putting that cigarette out?

2. **Apagaré** mi cigarro si tú apagas tu puro. .... I'll put my cigarette out if you put your cigar out.

3. ¿Dónde lo **apago**? .... Where should I put it out?

4. **Apágalo** en el cenicero. .... Put it out in the ashtray.

5. Si no lo **apagas** bien, provocarás un incendio. .... If you don't put it out properly, you'll start a fire.

6. Los bomberos vinieron para **apagar** el fuego. .... The firemen came to put out the fire.

7. Intentaron **apagarlo** con agua. .... They tried to put it out with water.

8. Después de 6 horas, todavía no habían **apagado** el fuego. ... After 6 hours, they still hadn't put out the fire.

9. No se puede **apagar** fuegos de aceite con agua. .... You can't put oil fires out with water.

10. **Sopla** (apaga) las velas y pide un deseo. .... Blow the candles out and make a wish.*

*Utilizamos el verbo 'to blow out' (soplar) cuando apagamos una llama soplando.

LEÑA

Había llegado el verano y con él el riesgo de que aparecieran los incendios forestales. Había un montón de advertencias en la tele y en el periódico diciéndole a la gente que **apagaran** bien las hogueras y cigarros. Sin embargo, Sarah vio en las noticias que un importante incendio forestal había comenzado y los bomberos no habían sido capaces de **apagarlo** antes de que se extendiera. A juzgar por el viento y la sequedad, el fuego sería casi imposible de **extinguir**. No obstante, los bomberos usaron helicópteros para intentar **apagarlo** y lograron **extinguirlo** antes de que causara demasiados daños. Más tarde, se descubrió que el fuego había empezado porque alguien no **había apagado** bien un puro.

FIREWOOD

Summer had arrived and with it the risk of forest fires. There were a lot of warnings on TV and in the newspaper telling people to put out bonfires and cigarettes properly. However, Sarah saw on the news that a major forest fire had started and firefighters hadn't been able to put it out before it spread. Judging by the winds and the dryness, the fire would be almost impossible to put out. Nevertheless, firefighters used helicopters to try and put the fire out and managed to put it out before it caused too much damage. Later, it was discovered that the fire had started because someone hadn't put their cigar out properly.

They always put it out...
Last week they put it out...
They've just put it out...

OUT
¿QUIÉN APAGÓ LAS LUCES?

Y ahora, contesta

1. Why were people being warned to put cigarettes out properly?

2. Who was trying to put out the forest fire?

3. Why would the fire be difficult to put out?

4. How did they finally manage to put it out?

5. How had the fire started?

Recuerda que

Los verbos '**TO PUT OUT**' y '**TO GO OUT**' se emplean cuando hablamos de fuegos.
La diferencia es que utilizamos '**TO PUT OUT**' cuando alguien apaga el fuego,
mientras que '**TO GO OUT**' se emplea cuando el fuego se apaga solo.

Es decir, el verbo '**TO PUT OUT**' necesita un complemento directo porque es 'transitivo'.

PERO:

No hay que usar complemento directo con '**TO GO OUT**' porque es 'intransitivo'.

SUJETO	COMPLEMENTO DIRECTO
Sarah **PUT OUT** the fire.	
Sarah **apagó** el incendio.	

SUJETO	VERBO
The fire **WENT OUT**.	
El incendio **se apagó**.	

TO BRING OUT 🔓

LANZAR
SACAR

1. Él ha **sacado** más de cuarenta libros hasta la fecha. .... He's brought out over forty books to date.

2. Va a **sacar** uno nuevo el mes que viene. .... He's bringing out a new one next month.

3. No es un buen momento para **lanzar** un nuevo producto. ... It's not a good time to bring out a new product.

4. El plan era **lanzarlo** antes del verano. .... The plan was to bring it out before summer.

5. **Sacaron** el libro en formato electrónico. .... They brought out the book in electronic format.

6. Se rumorea que van a **sacar** un nuevo álbum. .... Rumour has it they're bringing out a new album.

7. Llevan más de una década sin **sacar** un álbum. .... They haven't brought out an album in over a decade.

8. ¿Cuándo **lanzará** "X-com" el nuevo "xphone"? .... When will 'X-com' bring out the new 'xphone'?

9. Lo **lanzarán** para competir con el "yphone". .... They'll bring it out to compete with the 'yphone'.

10. **Sacaron** su nuevo disco y se fueron de gira. .... They brought out their new disc and went on tour.

EL LANZAMIENTO DEL LIBRO

La escritora favorita de Sarah, J.O. King, iba a **sacar** un nuevo libro. Era el último de la serie y Sarah había leído todos los anteriores. El día que J.O. King **lanzó** su primer libro, Sarah estuvo en la cola esperando para conseguir un ejemplar firmado de la primera edición y desde entonces había esperado en la cola todas las veces que J.O. King **lanzaba** uno nuevo. Ahora sólo necesitaba una copia firmada más para completar la colección. Sarah estaba contenta de que J.O. King fuera a **sacar** por fin la entrega final, pero al mismo tiempo estaba triste de que no fuera a **sacar** más libros.

THE BOOK LAUNCH

Sarah's favourite author, J.O. King, was bringing out a new book. It was the last one in the series and Sarah had read all of the previous ones. On the day J.O. King brought out her first book, Sarah had waited in line to get a signed first edition copy and subsequently had waited in line every time J.O. King brought out a new one. Now, she only needed one more signed copy to complete her collection. Sarah was happy that J.O. King was finally bringing out the final installment, but at the same time she was sad that she wouldn't be bringing out any more books.

They always bring out...
Last week they brought out...
They've just brought out...

OUT

¡LANZANDO!

Y ahora, contesta

1. Who was bringing out a new book?

2. What did Sarah do the day J.O. King brought out her first book?

3. How many times had Sarah waited in line to get a signed copy?

4. What was Sarah happy about?

5. Why was she sad?

Recuerda que

'**TO COME OUT**' funciona casi igual que '**TO BRING OUT**' cuando estamos hablando de lanzar o sacar un producto.

La única diferencia es que utilizamos '**TO BRING OUT**' cuando alguien saca un libro, mientras que '**TO COME OUT**' se emplea cuando el libro actúa de sujeto.

Es decir, el verbo '**TO BRING OUT**' necesita un complemento directo porque es 'transitivo'.

PERO:

No hay que usar complemento directo con '**TO COME OUT**' porque es 'intransitivo'.

SUJETO	VERBO	COMPLEMENTO DIRECTO

He **BROUGHT OUT** the book in March.
Él **lanzó** el libro en marzo.

SUJETO	VERBO

The book **CAME OUT** in March.
El libro **salió** en marzo.

TO COME OUT 🔒

SALIR
LANZAR

1. ¿Cuándo **sale** el libro?	When is the book coming out?
2. Salió la semana pasada.	It came out last week.
3. No puedo esperar a que **lancen** el siguiente.	I can't wait until the next one comes out.
4. La última película **salió** en blanco y negro.	The last film came out in black and white.
5. Van a **lanzar** un nuevo y revolucionario producto.	They're coming out with a revolutionary new product.*
6. Se supone que **sale** en marzo.	It's supposed to come out in March.
7. ¿Qué harás cuando **salga**?	What will you do when it comes out?
8. ¿Cuándo van a **salir** los informes trimestrales?	When are the quarterly reports coming out?
9. Compraré el libro cuando **salga** en tapa blanda.	I'll buy the book when it comes out in paperback.
10. Los libros de tapa dura siempre **salen** primero.	Hardback books always come out first.

*Refiérase a la explicación de la página siguiente.

NOSTALGIA

Va a **salir** un peliculón este fin de semana. Es la tercera parte de una trilogía y Sarah piensa verla. Cuando **salió** la primera parte, Sarah sólo tenía 9 años. Cuando **salió** la segunda parte esperó levantada toda la noche para conseguir las entradas. Ahora que la tercera y última parte está a punto de **salir**, Sarah ha notado que muchas empresas están **lanzando** productos promocionales basados en la trilogía.

NOSTALGIA

There is a new blockbuster movie coming out this weekend. It's the third part of a trilogy and Sarah is planning to see it. When the first part came out, Sarah was only 9 years old. When the second part came out, she waited up all night to get tickets. Now that the third and final part is about to come out, Sarah has noticed a lot of companies coming out with promotional products based on the trilogy.

It always comes out...
Last week it came out...
It's just come out...

OUT
¡LANZANDO!

Y ahora, contesta

1. What is coming out this weekend?

2. How many parts are there?

3. How old was Sarah when the first part came out?

4. What did she do when the second part came out?

5. What has Sarah noticed now that the third part is about to come out?

Recuerda que

Normalmente el verbo 'to come out' es intransitivo. Sin embargo, si quieres
utilizarlo de manera transitiva, has de emplear la preposición 'with'.

En inglés 'we come out **WITH** something':

> They came out **WITH** a new product.
> Ellos **lanzaron** un nuevo producto.

> When did they come out **with** it?
> ¿Cuándo lo **lanzaron**?

TO BACK OUT 🔒
ECHARSE ATRÁS

1. ¿Van a **echarse atrás** con el trato? .... Are they going to back out of the deal?

2. No **se echarán atrás** si les ofrecemos más dinero. .... They won't back out if we offer them more money.

3. No pueden **echarse atrás** ahora, han firmado el contrato... They can't back out now, they've signed the contract.

4. **Se echó atrás** en el último momento. .... He backed out at the last minute.

5. Esperemos que nadie más **se eche atrás**. .... Let's hope no one else backs out.

6. ¿Cuántos más van a **echarse atrás** con el proyecto? .... How many others are going to back out of the project?

7. Ella **se echó atrás** con el acuerdo. .... She backed out of their agreement.

8. ¡No puedo creer que **se echara atrás**! .... I can't believe she backed out!

9. Si los rusos **se echan atrás**, todos **se echarán atrás**. ... If the Russians back out, everyone will back out.

10. Le sobornaron para que no **se echara atrás**. .... They bribed him so he wouldn't back out.

PENSÁRSELO DOS VECES

Sarah estaba intentando vender su casa y pensó que había encontrado un comprador, pero, en el último momento éste **se echó atrás** y la dejó plantada. Las cosas empeoraron en el trabajo, cuando le dijeron a Sarah que algunas personas importantes **se habían echado atrás** con su proyecto. Pensó que **se habían echado atrás** porque se habían acobardado. Sarah no podía permitir que nadie más **se echara atrás**, así que convocó una reunión para hablar con las personas que no **se habían echado atrás**. Les dijo que si **se echaran atrás** ahora, se arrepentirían más tarde.

SECOND THOUGHTS

Sarah was trying to sell her house and thought she had found a buyer, but they backed out and left Sarah high and dry. Things got worse at work when Sarah was told several key figures had backed out of her project. She thought they had backed out because they had got cold feet. Sarah couldn't afford anyone else to back out, so she called a meeting to talk to the people who hadn't backed out. She told them that if they backed out now, they would regret it later.

She always backs out...
Last week she backed out...
She's just backed out...

OUT
¡NO CUENTES CONMIGO!

Y ahora, contesta

1. Why was Sarah left high and dry?

2. What was Sarah told when she was at work?

3. Why did Sarah think they had backed out?

4. What couldn't Sarah afford to let happen?

5. What did she tell the people who hadn't backed out?

 # Fíjate

'To back out' también significa 'salir marcha atrás'.

> I hit a pillar backing out of my garage.
> Le di a una columna **saliendo marcha atrás** de mi garage.

> Be careful when you back out; there's traffic.
> Ten cuidado cuando **salgas hacia atrás**, hay tráfico.

Vale, ya sabes que 'to back out' significa 'salir marcha atrás' pero, ¿sabes decir 'entrar marcha atrás'?
¡Correcto! 'To back in'. ¡El secreto está en la preposición!

TO DROP OUT 🔒
DEJAR LOS ESTUDIOS
ABANDONAR

1. Él **dejó los estudios** cuando cumplió 18 años. .... He dropped out of school on his eighteenth birthday.*

2. ¿Por qué **dejó los estudios**? .... Why did he drop out?

3. **Dejó los estudios** para entrar en el ejército. .... He dropped out to join the army.

4. La corredora **abandonó** cuando iba segunda. .... The runner dropped out in second position.

5. Ella debe de haber **abandonado** por una lesión. .... She must have dropped out because of an injury.

6. Si no hubiera **abandonado**, habría ganado. .... If she hadn't dropped out, she would have won.

7. Smith **se ha retirado** de las elecciones. .... Smith has dropped out of the election race.

8. **Se ha retirado** para salvar las apariencias. .... He dropped out to save face.

9. **Dejó los estudios** de la universidad en el primer semestre... He dropped out of university during the first semester.

10. ¿Les ha dicho él a sus padres que ha **dejado los estudios**? .. Has he told his parents he dropped out?

*Fíjate como decimos 'to drop out of something'.

TIENES MI VOTO

Era época de elecciones y todas las mañanas los periódicos se llenaban de noticias sobre ellas. Esta mañana Sarah estaba leyendo sobre un candidato que la gente quería que **se retirara** de las elecciones. Querían que **se retirara** porque había **dejado los estudios** cuando tenía 15 años para trabajar en la tienda de sus padres. Algunas personas querían que **abandonara** las elecciones porque pensaban que no tenía suficiente formación. Sarah, en cambio, no quería que el candidato **se retirase**. Al contrario, iba a votarle porque **dejar los estudios** para ayudar a tu familia demostraba lealtad y una buena ética de trabajo.

YOU'VE GOT MY VOTE

It was election time and every morning the papers were filled with election news. This morning, Sarah was reading about a candidate who people wanted to *drop out* of the election. They wanted him to *drop out* because he *dropped out* of school when he was 15 to work in his parents' store. Some people wanted him to *drop out* of the election because they thought he wasn't educated enough. Sarah, on the other hand, didn't want the candidate to *drop out*. On the contrary, she was going to vote for him because *dropping out* of school to help your family showed loyalty and a good work ethic.

They always drop out...
Last week they dropped out...
They've just dropped out...

OUT
¡NO CUENTES CONMIGO!

Y ahora, contesta

1.  What was Sarah reading about?
   ....

2. When had the candidate dropped out of school?
   ....

3. Why had he dropped out of school?
   ....

4. Did Sarah want the candidate to drop out of the election?
   ....

5. Why was Sarah going to vote for the candidate?
   ....

Fíjate

Muchas veces un 'PHRASAL VERB' se convierte en un **SUSTANTIVO**.
¡Éste es uno de estos casos!

> He's a **DROPOUT**.
> **Dejó sus estudios.**

> It's difficult for **DROPOUTS** to find jobs.
> Es difícil para los que **dejan sus estudios** encontrar trabajo.

Pero no se pueden convertir todos los 'PHRASAL VERBS' en SUSTANTIVO.

TO RULE OUT 🔓

DESCARTAR
EXCLUIR

1. Creo que podemos **descartar** esa posibilidad ahora. .... I think we can rule that possibility out now.

2. ¿Qué te hace pensar que podemos **descartarla**? .... What makes you think we can rule it out?

3. Las pruebas la **descartan**. .... The tests rule it out.

4. La policía le **descartó** como sospechoso. .... The police ruled him out as a suspect.

5. No lo **descartaría** para un futuro. .... I wouldn't rule it out for the future.

6. ¿Por qué **descartaste** esa idea? .... Why did you rule out that idea?

7. Han **descartado** esa hipótesis. .... They have ruled out that hypothesis.

8. Los científicos **descartaron** varias teorías. .... Scientists ruled several theories out.

9. No han **descartado** la posibilidad de vida en Marte. .... They haven't ruled out the possibility of life on Mars.

10. No la **excluyas** tan rápido; ella es lista. .... Don't be so quick to rule her out; she's clever.

DE NINGUNA MANERA

Sarah estaba planeando sus vacaciones de verano, pero tenía demasiadas opciones y necesitaba **descartar** algunas. La primera idea que **descartó** fue un safari porque era demasiado caro. También **descartó** un viaje a Florida porque le daban miedo los huracanes. No estaba segura de por qué **descartó** la India pero tenía la sensación de que no quería ir allí tampoco. De hecho, Sarah **descartó** tantos sitios que al final el único lugar que no había **descartado** era Escocia, así que fue allí.

OUT OF THE QUESTION

Sarah was planning her summer holiday but she had too many options and needed to rule some of them out. The first idea she ruled out was a safari holiday because it was too expensive. She also ruled out a trip to Florida because she was scared of hurricanes. She wasn't sure why she ruled out India but she had a feeling that she didn't want to go there either. In fact, Sarah ruled out so many places that in the end, the only place she hadn't ruled out was Scotland, so that's where she went.

OUT
¡DESCARTANDO!

You always rule it out...
Last week you ruled it out...
You've just ruled it out...

Y ahora, contesta

1. What did Sarah need to do?

2. What trip did she rule out first?

3. Why did she rule Florida out?

4. Why did she rule India out?

5. Why did she choose to go to Scotland?

¡TEN CUIDADO!

El pasado y participio perfecto del verbo '**TO RULE**' suelen presentar dificultades de pronunciación incluso para los alumnos más avanzados.

El final del pasado del verbo suena como una sola '**d**' (no 'ed'):
RULⱭD

El final del participio perfecto del verbo suena como una sola '**d**' (no 'ed'):
RULⱭD

En el pasado y participio perfecto del verbo '**TO RULE**', no se pronuncia la 'ed' como una sílaba adicional. Es decir, '**ruled**' tiene SÓLO UNA SÍLABA, igual que '**rule**'.

TO FIGURE OUT 🔓

AVERIGUAR
DESCIFRAR
RESOLVER
EXPLICARSE

1. No puedo **resolver** este problema. .... I can't figure this problem out.

2. Pídele a Smith que te ayude a **resolverlo**. .... Ask Smith to help you figure it out.

3. ¿Has **averiguado** por qué no arranca tu coche? .... Have you figured out why your car doesn't start?

4. Nadie podría **averiguar** eso. .... Nobody could figure that out.

5. ¿**Averiguaste** qué le pasaba al servidor? .... Did you figure out what was wrong with the server?

6. ¿Cómo lo **averiguaste**? .... How did you figure it out?

7. No hace falta que seas científico para **descifrarlo**. .... You don't need to be a scientist to figure it out.

8. Nadie **se explicaba** cómo pudo escapar de la cárcel. ...... No one could figure out how he escaped from prison.

9. Necesitamos **averiguar** cómo pasó. .... We need to figure out how it happened.

10. Llevo muchísimo tiempo intentando **averiguarlo**. .... I've been trying to figure it out for ages.

EL CUBO DE RUBIK

Sarah estaba mirando en algunas cajas en su desván y encontró su viejo cubo de Rubik. Recordó que había **averiguado** cómo resolverlo una vez, pero ahora no podía **averiguar** cómo hacerlo de nuevo. Lo mejor que pudo hacer fue **averiguar** cómo poner todos los cuadrados amarillos en un lado, pero no pudo **averiguar** qué hacer después. Sabía que había un truco para **resolver** el cubo, pero tampoco pudo **averiguar** cuál era. Sarah pasó casi una hora en su desván intentando **resolverlo**, pero al final se rindió.

RUBIK'S CUBE

Sarah was looking through some boxes in her attic and found her old Rubik's Cube. She remembered that she had figured out how to solve it once, but now she couldn't figure out how to do it again. The best she could do was to figure out how to get all the yellow squares on one side, but she couldn't figure out where to go from there. She knew there was a trick to figuring out the cube but she couldn't figure out what that was either. Sarah spent almost an hour in her attic trying to figure it out, but eventually gave up.

She always figures it out...
Last week she figured it out...
She's just figured it out...

OUT
¡TE LO SOLUCIONARÉ!

Y ahora, contesta

1. How many times had Sarah figured out how to solve the Rubik's Cube?

....

2. What couldn't she figure out?

....

3. What was she able to figure out?

....

4. What did Sarah know?

....

5. Why was she in the attic for almost an hour?

....

¡TEN CUIDADO!

El verbo '**TO FIGURE**' suele presentar dificultades de pronunciación incluso a los alumnos más avanzados. Casi siempre se pronuncia las letras 'ur' como 'a' después de una consonante. 'Figure' rima con 'bigger'!

> El final del verbo en el pasado suena como una '**d**' (no 'ed'):
> **FIGUR**X**D**

> El final del verbo en el participio perfecto suena como una '**d**' (no 'ed'):
> **FIGUR**X**D**

¡Nunca digas FIGUR-ED!

En el pasado y participio perfecto del verbo **TO FIGURE** no se pronuncia la sílaba 'ed' como una sílaba adicional. Es decir, 'figured': /fígad/, tiene DOS SOLAS SÍLABAS, igual que 'figure': /fíga/.

TO TAKE OUT 🔓

SACAR
QUITAR

1. Tengo que **sacar** algo de dinero del cajero. .... I need to take out some money from the ATM.*

2. Deberías ir a que te **quiten** ese diente. .... You should have that tooth taken out.

3. Él tuvo que **sacar** todas las cosas de su maleta. .... He had to take everything out of his suitcase.

4. **Saca** tu portátil de la funda. .... Take your laptop out of the case.

5. Ella **sacó** su teléfono del bolso. .... She took her phone out of her handbag.

6. No te olvides de **sacar** el pavo del horno. .... Don't forget to take the turkey out of the oven.

7. **Sacaron** al perro de paseo. .... They took the dog out for a walk.

8. **Quita** el párrafo que menciona mi nombre. .... Take out the paragraph that mentions my name.

9. Olvidamos **sacar** la basura. .... We forgot to take out the garbage.

10. Él **sacó** su tarjeta de visita y la puso sobre la mesa. .... He took out his business card and put it on the table.

*Las siglas 'ATM' significan 'Automated Teller Machine'.

EL DENTISTA

Sarah llevaba mucho tiempo posponiéndolo, pero había llegado el momento de ir al dentista. Iban a **quitarle** un diente y ponerle uno falso. Sarah estaba nerviosa porque había oído historias sobre dentistas que **sacaban** el diente que no era y la verdad es que Sarah no quería que le **quitaran** dos dientes. Resultó que el dentista **sacó** el diente que era y, para sorpresa de Sarah, **sacó** una piruleta de su bolsillo para dársela. Ella se preguntó si los dentistas deberían **repartir** caramelos a la gente, ya que después de todo, si no hubiera comido tantos caramelos, no habrían tenido que **quitarle** el diente en primer lugar.

THE DENTIST

Sarah had been putting it off for a long time, but it was time to go to the dentist. She was going to have a tooth taken out and a fake one put in. Sarah was nervous because she'd heard stories about dentists taking out the wrong tooth and Sarah really didn't want to have two teeth taken out. As it turned out, the dentist took out the right tooth, and to Sarah's surprise, took a lollipop out of his pocket to give to her. She wondered if dentists should really be handing candy out to people, after all, if she hadn't eaten so many sweets, she wouldn't have had to have her tooth taken out in the first place.

He always takes out...
Last week he took out...
He's just taken out...

OUT
¡SÁCALO!

Y ahora, contesta

1. Why was Sarah going to the dentist?

....

2. What kind of stories had she heard about?

....

3. What didn't Sarah want?

....

4. What did the dentist take out of his pocket?

....

5. What did Sarah think about the dentist handing out so many sweets?

....

 # Fíjate

Muchas veces un 'PHRASAL VERB' se convierte en un **SUSTANTIVO**.
¡Éste es uno de estos casos!

INGLÉS NORTEAMERICANO

Let's order **TAKEOUT** tonight.
Vamos a pedir comida **para llevar**
esta noche.

INGLÉS BRITÁNICO

It's a **TAKEAWAY** restaurant.
Es un restaurante de **comida para llevar**.

No se considera una de las formas más correcta que la otra. ¡Considerémoslo como un 'dos por uno'!

TO GET OUT 🔓

SACAR
QUITAR

1. ¿Puedes ayudarme a **sacar** las provisiones del coche? ...... Can you help me get the groceries out of the car?

2. No puedo **sacar** este clavo. .... I can't get this nail out.

3. Usa los alicates para **sacarlo**. .... Use the pliers to get it out.

4. ¿Cómo puedo **quitar** esta mancha? .... How can I get this stain out?

5. Un poco de lejía la **quitará**. .... Some bleach will get it out.

6. ¡**Sácalo** de aquí! .... Get him out of here!

7. Por favor, ¡**saca** ese perro de la cocina! .... Please, get that dog out of the kitchen!

8. ¡Ayuda! ¡**Quítame** la araña del pelo!............................. Help! Get the spider out of my hair!

9. ¿Cómo **sacaron** al niño del pozo? .... How did they get the boy out of the well?

10. El bombero la **sacó** del edificio justo a tiempo. .... The fireman got her out of the building just in time.

LA MANCHA DE VINO TINTO

Sarah había derramado un poco de vino tinto en su alfombra blanca y no podía **quitarlo**. Primero intentó **quitar** la mancha echando vino blanco, pero eso no lo **quitó**. Después probó a **quitarlo** usando acetona, pero eso tampoco lo **quitó**. Al final, probó a echar bicarbonato en la mancha para **quitarla**, pero eso sólo empeoró las cosas. Sarah había probado todos los trucos que sabía para **quitar** la mancha, así que llamó a un limpiador de alfombras para **quitarla**. El limpiador de alfombras la **quitó** usando Sr. Vino Rojo y le cobró 100 dólares por el trabajo.

THE RED WINE STAIN

Sarah had spilt some red wine on her white carpet and she couldn't get it out. First she tried to get the stain out by pouring white wine on it, but that didn't get it out. Next, she tried to get it out by using nail polish remover on it, but that didn't get it out either. Finally, she tried pouring baking soda on the stain to get it out, but that just made things worse. Sarah had tried every trick that she knew to get the stain out, so she called a carpet cleaner to get it out. The carpet cleaner got it out by using Mr. Red Wine and charged Sarah $100 for the job.

I always get out...
Last week I got out...
I've just got / gotten* out...

OUT
¡SÁCALO!

Y ahora, contesta

1. What couldn't Sarah do?

....

2. How did she try to get the stain out first?

....

3. Why did she rub nail polish remover on the stain?

....

4. What was the last thing she tried to get the stain out with?

....

5. How did the carpet cleaner get the stain out?

....

*Fíjate

Existen dos participios perfectos aceptables del verbo 'to get': 'GOT' y 'GOTTEN'.
Escucharás más uno u otro dependiendo del lado del charco en el que te encuentres.

INGLÉS BRITÁNICO

She hasn't **GOT** it **OUT** yet.
Ella no lo ha **sacado** todavía.

INGLÉS NORTEAMERICANO

She hasn't **GOTTEN** it **OUT** yet.
Ella no lo ha **sacado** todavía.

No se considera una de las formas más correcta que la otra. Pero, ¡ten cuidado! El participio del verbo
'to for**get**' es siempre 'for**gotten**', ¡incluso en la Inglaterra de Shakespeare!

1. ¿**Te enteraste** de lo que le pasó? .... Did you find out what happened to him?

2. Nadie ha **descubierto** nada. .... Nobody has found anything out.

3. No **nos enteramos** hasta que fue demasiado tarde. .... We didn't find out until it was too late.

4. ¿Podrías **informarte** por mí? .... Could you find out for me?

5. Adivina quién **se ha enterado** de la fiesta. .... Guess who found out about the party.*

6. ¿Cómo **se enteró** Smith de ello? .... How did Smith find out about it?

7. **Se enteró** por casualidad. .... He found out by accident.

8. ¿Cuándo **te enteraste**? .... When did you find out?

9. Asegúrate de que nadie **se entere**, ¿vale? .... Make sure no one finds out, OK?

10. ¿Alguien **se ha informado** de dónde es la fiesta? .... Has anyone found out where the party is?

*Refiérase a la explicación en la página siguiente.

LA FIESTA SORPRESA

Se estaba acercando el cumpleaños de Sarah y ella no quería que nadie **se enterara** de ello. El año pasado nadie **se enteró** y eso era lo que quería. Este año, sin embargo, Sarah estaba segura de que alguien **se había enterado** porque la gente le estaba haciendo preguntas sobre lo que le gustaba y lo que no, probablemente intentando **informarse** de qué comprarle. A Sarah no le importaba recibir un regalo, pero si **descubría** algo sobre una fiesta sorpresa, **se informaría** de quién la estaba organizando y les haría saber que lo había **descubierto**. Con el fin de **descubrir** más, le pidió a uno de sus mejores amigos que **se enterara** de lo que estaban planeando.

THE SURPRISE PARTY

Sarah's birthday was coming up and she didn't want anyone to find out about it. Last year, no one had found out and that was the way she wanted it. This year, though, Sarah was sure someone had found out because people were asking her questions about her likes and dislikes, probably trying to find out what to buy her. Sarah didn't mind a present, but if she found out about a surprise party she would find out who was organizing it and let them know she had found out. In order to find out more, she asked one of her best friends to find out what was being planned.

We always find out...
Last week we found out...
We've just found out...

¡DE TODO UN POCO!

Y ahora, contesta

1. What didn't Sarah want anyone to find out about?

....

2. Had anyone found out last year?

....

3. Why did she think someone had found out this year?

....

4. What would she do if she found out about a surprise party?

....

5. What did she do in order to find out more?

....

 ***Fíjate**

Cuando nos enteramos y ya está, no le sigue nada al verbo 'find out'. Sin embargo, cuando nos enteramos de algo normalmente se emplea la preposición 'about' justo después del verbo 'find out'.

They found out
last week.
Se enteraron la semana pasada.

They found out **ABOUT** the decision
last week.
Se enteraron DE la decisión la
semana pasada.

TO RUN OUT 🔒

AGOTARSE
QUEDARSE SIN
VENCER
ACABARSE

1. ¡**Se** nos está **acabando** el tiempo! .... We're running out of time!

2. Él **se quedó sin** opciones. .... He ran out of options.

3. Las existencias **se agotaron** en pocos días. .... Stocks ran out in a few days.

4. ¿**Nos** hemos **quedado sin** leche? .... Have we run out of milk?

5. Dile a Smith que el ponche **se está acabando**. .... Tell Smith the punch is running out.

6. ¡**Nos** hemos **quedado sin** papel higiénico! .... We've run out of toilet paper!

7. ¿Cuándo **vence** su contrato? .... When does his contract run out?

8. **Vence** la semana que viene; ¿por qué? .... It runs out next week; why?

9. Él **se** está **quedando sin** tiempo para renovarlo. .... He's running out of time to renew it.

10. A él **se** le han **acabado** las oportunidades. .... He has run out of chances.

EL CLIENTE ENFADADO

Sara estaba teniendo una semana bastante mala. El lunes, cuando regresaba a casa del trabajo, su coche **se quedó sin** gasolina. "¿Cómo me he podido **quedar sin** gasolina?", se dijo a sí misma, "llené el depósito hace sólo unos días". Después, el martes, mientras preparaba el desayuno, se dio cuenta de que **se** había **quedado sin** café. "¿Cómo me he podido **quedar sin** café?" se dijo a sí misma, "Compré un poco hace sólo una semana". Pero lo peor estaba aún por llegar. No sólo **se** había **quedado sin** café, sino que también **se** había **quedado sin** leche. Y no sólo **se** había **quedado sin** leche, sino que también **se** había **quedado ¡sin** azúcar! Haber**se** **quedado sin** pan... fue la gota que colmó el vaso. "¡OH ME CA... CHIS!" gritó. ¡Sarah finalmente **se quedó sin** paciencia!

THE ANGRY CUSTOMER

Sarah was having a particularly bad week. On Monday, when she was driving home from work, her car ran out of petrol. "How can I have run out of petrol?" she said to herself, "I filled it up only a couple of days ago". Then, on Tuesday, as she was making her breakfast, she realized that she'd run out of coffee. "How can I have run out of coffee?" she said to herself, "I bought some only a week ago". But worse was to come. Not only had she run out of coffee, but she'd also run out of milk. And not only had she run out of milk, but she'd also run out of sugar! When she realized that she'd also run out of bread... that was the last straw. "OH, SUGAR!" she shouted. Sarah had finally run out of patience!

I always run out...
Last week I ran out...
I've just run out...

OUT
¡DE TODO UN POCO!

Y ahora, contesta

1. What happened to Sarah when she was driving home from work?

2. What did she realize as she was making breakfast?

3. What else had she run out of?

4. What was the last straw?

5. What had Sarah finally run out of?

 **Fíjate**

Cuando el verbo 'to run out' se comporta como un verbo transitivo (cuando **se** nos **acaba** algo) le sigue la preposición 'of'.

En cambio, cuando funciona de manera intransitiva (cuando algo **se acaba**) se expresa a secas.

> We've run out **OF** supplies.
> **Se nos** han **acabado** las provisiones.

> Supplies have run out.
> Las provisiones **se** han **acabado**.

TO HOLD ONTO
TO GET...
TO PULL ON
TO TRY...
TO WORK ON TO...
TO COME ON TO PLAY ON
TO CATCH ON TO CARRY...
TO HAVE ON OR TURK...
TO ADD O...

ON

1. ¿Podrías **encender** el ventilador? ¡Hace calor! .... Could you turn on the fan? It's hot!

2. ¿Como lo **enciendo**? .... How do I turn it on?

3. Cuando (ella) **encendió** la luz, la bombilla se fundió. .... When she switched the light on, the bulb blew.*

4. No **enciendas** la batidora sin la tapa puesta. .... Don't turn on the blender without the lid on.

5. Él **encendió** la radio y sintonizó las noticias. .... He turned the radio on and tuned into the news.

6. No **abras** el grifo ¡hasta que yo te diga! .... Don't turn the tap on until I say so!

7. Él **abrió** el gas y dio fuego a la barbacoa. .... He turned the gas on and lit the barbecue.

8. **Enciende** el calentador si hace demasiado frío. .... Switch on the heater if it's too cold.

9. Se me olvidó **encender** las luces del coche. .... I forgot to turn on my car lights.

10. Ella **encendió** su móvil después de la película. .... She turned her phone on after the movie.

*Refiérase a la explicación de la página siguiente.

LOS GREEN NO SON MUY 'VERDES'

Los Green nunca se sorprenden cuando reciben facturas de luz enormes al final del mes. Cuando Harry Green llega a casa, **pone** la tele de pantalla plana de 50 pulgadas y ve las noticias. Cuando Cindy Green llega a casa, **enciende** el horno y luego **enciende** la vitro y empieza a preparar la cena. Cuando Holly Green llega a casa, **enciende** el ordenador y se pone a charlar con sus amigos. Y cuando Charlie Green llega a casa, **enciende** la mini cadena, **enciende** su amplificador, y empieza tocar su guitarra. Lógicamente, cuando se oscurece, tienen que **encender** todas las luces de casa. Luego, al acostarse, todos **encienden** sus lamparas de mesita de noche y leen antes de quedarse dormidos...¡con las luces encendidas!

THE GREENS AREN'T VERY 'GREEN'

The Greens are never surprised when they receive enormous electricity bills at the end of the month. When Harry Green gets home, he turns on his 50-inch flat-screen TV and watches the news. When Cindy Green gets home, she turns on the oven and then turns on the range and starts preparing dinner. When Holly Green gets home, she turns on her computer and chats with her friends. And when Charlie Green gets home, he turns on his HI-FI, switches on his amplifier, and starts playing the guitar. Of course, when it gets dark, they have to turn on all the lights in the house. Then, when they go to bed, they all turn on their bedside lamps and read before falling asleep... with the lights on!

I usually turn / switch on...
Last week I turned / switched on...
So far this month I've turned / switched on...

Y ahora, contesta

1. What does Harry Green do when he gets home?

....

2. What two things does Cindy Green turn on when she gets home?

....

3. What does Holly turn on when she gets home?

....

4. What does Charlie Green do before he starts playing his guitar?

....

5. What do the Greens do when they go to bed?

....

*Fíjate

Los dos 'phrasal verbs' son aceptables: '**TO TURN ON**' y '**TO SWITCH ON**'. Escucharás más uno u otro dependiendo de con quien hables.

ALGUNAS PERSONAS DICEN

Please, **TURN on** the light.
Por favor, **enciende** la luz.

OTRAS PERSONAS DICEN

Please, **SWITCH on** the light.
Por favor, **enciende** la luz.

Sin embargo, si realmente quieres rizar el rizo, deberíamos usar 'to **turn** on' cuando tiene que de '**girar**' un botón y 'to **switch** on' cuando tenemos que poner o dar a un **interruptor**. De hecho, el sustantivo 'switch' significa interruptor.

TO LEAVE ON 🔓

DEJAR ENCENDIDO
DEJAR ABIERTO

1. No **dejes** el grifo **abierto** cuando te cepilles los dientes.	Don't leave the tap on when you brush your teeth.
2. ¿Quien **dejó** la luz del baño **encendida**?	Who left the bathroom light on?
3. **Dejo** la tele **encendida** para ayudarme a quedarme dormida.	I leave the TV on to help me fall asleep.
4. **Dejaste** las luces del coche **encendidas** y no arranca.	You left your car lights on and it won't start.
5. Alguien **dejó** el gas **abierto** y la casa estalló.	Someone left the gas on and the house blew up.
6. Nunca **dejo** el móvil **encendido** en el cine.	I never leave my phone on at the cinema.
7. ¿Siempre **dejas** el PC **encendido**?	Do you always leave your PC on?
8. Ella siempre **deja** la calefacción **encendida**.	She always leaves the heating on.
9. **Deja** una luz **encendida** para el bebé.	Leave a light on for the baby.
10. Él **dejó** la plancha **encendida** y casi causó un incendio.	He left the iron on and almost started a fire.

PIENSA EN VERDE

Los Green están intentando ser 'más verdes' gastando menos luz. Harry Green tiene que recordar no **dejar** la tele **encendida** cuando sale del salón. Cindy Green tiene que recordar no **dejar** el horno **encendido** cuando termina de usarlo. Holly Green tiene que recordar no **dejar** el ordenador **encendido** cuando va al instituto, y Charlie Green tiene que acordarse de no **dejar** la música **encendida** cuando no está en su cuarto. Todos van a tener que hacer un esfuerzo para no **dejar** la luz **encendida** cuando salen de una habitación, y recordar no **dejar** la calefacción **encendida** cuando salen de casa. Lógicamente, pueden **dejar** la alarma **encendida** cuando salen, ¡pero nada más!

THINK GREEN

The Greens are trying to be 'greener' by using less electricity. Harry Green has to remember not to leave the TV on when he leaves the living room. Cindy Green has to remember not to leave the oven on when she finishes using it. Holly Green has to remember not to leave her computer on when she goes to school, and Charlie Green has to remember not to leave his music on when he's not in his room. They are all going to have to make an effort not to leave the light on when they leave a room, and remember not to leave the heating on when they leave the house. Of course, they can leave the alarm on when they leave the house, but nothing else!

You usually leave on...
Last week you left on...
So far this month you've left on...

Y ahora, contesta

1. What does Harry Green have to remember?

   ....

2. What does Cindy Green have to remember?
   ....

3. What does Holly Green have to remember when she goes to school?
   ....

4. What are they all going to have to make an effort to do?
   ....

5. What is the one thing they can leave on when they leave the house?
   ....

Fíjate

Como *adjetivo* '**on**' significa '**encendido/a**'.

Is the computer on? ¿Está el ordenador **encendido**?	**It has been on all night.** Lleva toda la noche **encendido**.

Y claro, ya sabemos como decir '**apagado/a**', ¿no?
Para confirmar tus sospechas, échale un vistazo a la página 194.

TO GET ON 🔒
SUBIR(SE)
MONTAR(SE)

1. ¡**Sube** al autobús antes de que se vaya! .... Get on the bus before it leaves!

2. ¿Por que no pudiste **subir** al caballo? .... Why couldn't you get on the horse?

3. Él no **se ha subido** a una bici en mucho tiempo. .... He hasn't gotten on a bike in years.

4. ¡Nunca me subiría a esa montaña rusa! .... I'd never get on that roller-coaster!

5. **Súbete** a mi espalda, ¡te llevo a caballito! .... Get on my back, I'll give you a piggy-back!

6. Él **se subió** a la cama de sus padres y empezó a saltar. ...... He got on his parents' bed and started jumping.

7. Ella **se subió** a la mesa para dar su discurso. .... She got on the table to give her speech.

8. Vamos a **coger** el tren siguiente; éste está lleno. .... Let's get on the next train; this one is full.

9. ¡No voy a **subir** a la parte de atrás de tu moto! .... I'm not getting on the back of your motorbike!

10. Él **se subió** al tren sin su maletín. .... He got on the train without his briefcase.

EL CIRCO

Los Green estuvieron en el circo que este año fue aún más espectacular que nunca. La principal atracción fue Jimbo, un elefante que **se montó** en una bicicleta diminuta y fue pedaleando por la carpa del circo. Después, un hombre forzudo **se montó** en Jimbo y un payaso **se subió** al hombre forzudo. Parecía que todos iban a caerse pero una trapecista **se subió** a la espalda del payaso para equilibrar la torre de gente. No parecía posible que alguien más **se subiera** pero el director del circo dijo que necesitaba a un voluntario del publico para **subirse** al trapecista. Charlie, que **se estaba subiendo** a los hombros de su padre para ver lo que estaba pasando, fue el candidato perfecto! Varios equilibristas ayudaron a Charlie **subirse** a los hombros del trapecista y después **se subieron** también!

THE CIRCUS

The Greens were at the circus which this year was even more spectacular than ever. The main attraction was Jimbo, an elephant who got on a tiny bike and rode it around the circus tent. Then, a strong man got on Jimbo and a clown got on the strong man. It looked like they were all going to fall off but a trapeze artist got on the clown's back to balance the tower of people. It didn't seem possible for anyone else to get on, nevertheless, the ring master said he needed a volunteer from the audience to get on the trapeze artist. Charlie, who was getting on his dad's shoulders to see what was going on, was the perfect choice! Several tight-rope walkers helped Charlie get on the trapeze-artist's shoulders and then they got on as well!

She usually gets on...
Last week she got on...
So far this month she's got / gotten* on...

* Los dos participios perfectos son aceptables.

Y ahora, contesta

1. What did the main attraction do?

   ....

2. Who got on Jimbo?

   ....

3. What did the clown do?

   ....

4. Why did the trapeze artist get on?

   ....

5. What did the tight-rope walkers do with Charlie?

   ....

Fíjate

¿Te ha sorprendido no ver ningún ejemplo con la palabra 'coche' en esta página? No es ningún error, es porque en inglés 'we get **IN** a car'.

> He got **IN** a taxi because it was raining.
> Él **se subió** a un taxi porque estaba lloviendo.

> The thief **GOT IN** the car and stole the radio.
> El ladrón **entró** en el coche y robó la radio.

Claro, sí se puede decir 'get **ON** the car', pero eso significaría *encima del coche* ¡como unos esquís o una baca!

1. Después de que (él) marcara, todos se le **subieron encima**. After he scored, everyone jumped on top of him.

2. Él **subió** al tren justo a tiempo. He jumped on the train just in time.

3. ¡No **te subas** al carro también! Don't jump on the bandwagon too!*

4. El perro **subió** de un salto a la cama. The dog jumped on to the bed.

5. **Sube** a mi bicicleta, te llevaré a casa. Hop on my bike, I'll give you a ride home.

6. **Subieron** al autobús y encontraron asiento. They hopped on the bus and found a seat.

7. Él se cayó del escenario pero **subió** de nuevo de un salto. He fell off the stage but jumped back on.

8. **Subo** a mi avión privado cuando necesito un descanso. I hop on my private jet when I need a break.

9. El atleta **subió** al podio de un salto y sonrió. The athlete jumped on the podium and smiled.

10. El niño **se subió** a la espalda de su padre. The boy jumped on his father's back.

*Refiérase a la explicación de la página siguiente.

EL GATO Y EL PERRO

El gato de los Green, el Sr. Jones, era un gato vago que nunca hacía mucho más que dormir, pero eso cambió cuando los Green compraron un perro que se llamaba Skippy. Al Sr. Jones le gusta dormir en el sofá, pero cuando Skippy **subió** al sofá con él, el Sr. Jones se **subió** a la silla. Skippy pensaba que era un juego así que **subió** a la silla también. Al Sr. Jones no le hacía mucha gracia que Skippy **subiera** a la silla con él, así que **subió** a la mesa del comedor, y Skippy, que se lo estaba pasando pipa **subiéndose** a las cosas, se **subió** a la mesa y ladró. El Sr. Jones estaba harto de Skippy y **subió** de un salto a la encimera. Estaba demasiado alta para que Skippy **subiera**, pero era listo así que se **subió** a un taburete y después se **subió** a la encimera.

THE CAT AND THE DOG

The Greens' cat, Mr. Jones, was a lazy cat who never did much except sleep, but all that changed when the Greens bought a dog called Skippy. Mr. Jones likes to sleep on the sofa, but when Skippy jumped on the sofa with him, Mr. Jones jumped on the chair. Skippy thought it was a game so he jumped on the chair too. Mr. Jones was not too happy about Skippy jumping on the chair with him, so he jumped on the dining room table, and Skippy, who was having a lot of fun jumping on things, jumped on the table and barked. Mr. Jones was fed up with Skippy and jumped on the kitchen counter. It was too high for Skippy to jump on, but he was smart, so he jumped on a stool and then jumped on the kitchen counter.

You usually jump / hop on...
Last week you jumped / hopped on...
So far this month you've jumped / hopped on...

Y ahora, contesta

1. Why did Mr. Jones jump on to the chair?

....

2. Why did Skippy jump on to the chair too?

....

3. What wasn't Mr. Jones happy about?

....

4. What was Skippy having fun doing?

....

5. How did Skippy manage to jump on to the kitchen counter?

....

 ***Fíjate**

'*To* **jump on** *the bandwagon*' es una frase hecha que literalmente significa '*subir de un salto a la carroza de los músicos*'. Además de su uso en desfiles y circos, solían usar los '*bandwagons*' en campañas políticas para atraer atención y ganar votos. Se convirtieron en algo tan popular, que todos los políticos tenían que 'subir a la carroza' o perder votos.

> **Jump on** the 'phrasal verb' bandwagon or you'll fall behind!
> **Súbete al carro** de los 'phrasal verbs' o ¡te quedarás atrás!

TO HANG / HOLD ON 🔒
ESPERAR
AGUANTAR

1. **Espera**, vuelvo enseguida. .... Hang on, I'll be right back.

2. ¿Puedes **esperar** hasta que (él) vuelva? .... Can you hang on until he gets back?

3. Él le dijo (a ella) que **esperara**. .... He told her to hang on.

4. ¡**Espera**! ¡No estoy listo! .... Hold on! I'm not ready!*

5. No puedo **esperar** mucho más, llego tarde. .... I can't hold on much longer, I'm running late.

6. Él **esperó** hasta que llegó la ambulancia. .... He held on for the ambulance to arrive.

7. La secretaria le pidió que **esperara**. .... The secretary asked him to hold on.

8. ¡**Espera**! ¿Qué has dicho? .... Hold on a minute! What did you say?

9. Sé que tienes hambre, pero **aguanta** hasta la hora de comer. I know you're hungry, but hang on until lunch time.

10. No sé si puedo **aguantar** hasta entonces. .... I don't know if I can hang on until then.

*Refiérase a la explicación de la página siguiente.

ESPERA SENTADO

Charlie estaba teniendo problemas con sus deberes, así que le preguntó a su padre si podía ayudarle, pero su padre le dijo, "**espera** Charlie, estoy viendo las noticias." Así que Charlie le preguntó a su madre, pero ella le dijo, "¿no puedes **esperar** hasta después de cenar, Charlie?" Y cuando Charlie le preguntó a su hermana mayor, Holly, ella le dijo, "**espera** Charlie, ¡estoy al teléfono!" Charlie no tenía tiempo para **esperar** hasta que su padre terminara con las noticias, y no tenía tiempo para **esperar** hasta después de cenar. Y desde luego no tenía tiempo para **esperar** hasta que Holly colgara el teléfono, porque podría estar **esperando** horas, así que, al final Charlie se sentó a hacer sus deberes él mismo. Cuando la madre de Charlie le pidió que pusiera la mesa para cenar, Charlie le dijo, "**Espérate** Mamá, estoy con los deberes!"

DON'T HOLD YOUR BREATH

Charlie was having trouble with his homework, so he asked his dad if he could help him, but his dad said, "Hang on Charlie, I'm watching the news." So Charlie asked his mum, but she said, "can't you hold on until after dinner, Charlie?" And when Charlie asked his older sister, Holly, she said, "Hold on Charlie, I'm on the phone!" Charlie didn't have time to hold on until his dad finished watching the news, and he didn't have time to hold on until after dinner. He certainly didn't have time to hold on until Holly hung up the phone, because he could be holding on for hours, so, in the end, Charlie sat down to do his homework himself. When Charlie's mum asked him to set the table for dinner, Charlie said, "Hang on Mum, I'm doing my homework!"

I usually hang / hold on...
Last week I hung / held on...
So far this month I've hung / held on...

Y ahora, contesta

1. Why did Charlie's dad tell him to hang on?

2. What did Charlie's mum ask him?

3. What did Charlie's sister tell him?

4. Why couldn't Charlie hold on for his sister?

5. Why did Charlie tell his mother to hang on?

*Fíjate

Seguramente te estás preguntando cuál de los dos es el más común: '**TO HANG ON**' o '**TO HOLD ON**'. Bueno, escucharás más uno u otro dependiendo de con quien hables.

¡Pero **espérate**! Cuando estamos hablando por teléfono, podemos usar el verbo 'to hold' sin la preposición 'on', pero **no** el verbo 'to hang'. En realidad, se trata de la expresión "to **hold** the line" (no colgar / mantenerse a la espera), que muchas veces acortamos a "to **hold**".

Can you **hold**, please?
¿Puedes esperar, por favor?
(hablando por teléfono)

Can you **hang**, please?
(esto significaría '¿Puedes colgar*, por favor?')

* 'colgar' en el sentido de 'pender' o 'suspendido en el aire'. De todas formas, ¡no tiene sentido!

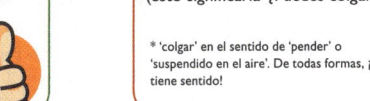

1. El boxeador no podía **seguir**.	The boxer couldn't carry on.
2. ¿Puedes **seguir** sin mí?	Can you carry on without me?
3. Los cosas no pueden **seguir** así.	Things can't carry on like this.
4. **Continuemos** esta conversación luego.	Let's carry on this conversation later.
5. Perdona la interrupción, **sigue**.	Sorry for the interruption, carry on.
6. Su hijo **continuó** la tradición familiar.	His son carried on the family tradition.
7. ¿Cuanto tiempo vas a **seguir** trabajando?	How long are you going to carry on working?
8. Él **seguirá** trabajando hasta que se caiga muerto.	He'll carry on working until he drops dead.
9. ¿Cuanto tiempo va a **seguir** esta recesión?	How long is this recession going to carry on?
10. **Sigue** con lo que estabas haciendo.	Carry on with what you were doing.

COMIDA RÁPIDA

Era la hora de cenar en casa de los Green y todos tenían prisa por terminar de comer para poder **continuar** con lo que estaban haciendo. Holly Green quería acabar de cenar para poder **seguir** escribiendo una carta a una amiga. Harry Green quería terminar de cenar para poder **seguir** viendo el fútbol. Charlie Green tenía prisa por terminar de cenar para poder **seguir** jugando su video juego nuevo. Cuando Holly, Harry y Charlie terminaron de cenar, Cindy **continuó** cenando sola. No tenía prisa por **seguir** lavando la ropa o **continuar** limpiando la casa.

FAST FOOD

It was dinner time at the Greens and everyone was in a hurry to finish eating so they could carry on with what they were doing. Holly Green wanted to finish dinner so she could carry on writing a letter to a friend. Harry Green wanted to finish eating so he could carry on watching the football. Charlie Green was in a hurry to finish eating so he could carry on playing his new video game. When Holly, Harry and Charlie finished eating, Cindy carried on eating dinner by herself. She was in no hurry to carry on washing clothes or to carry on cleaning the house.

He usually carries on...
Last week he carried on...
So far this month he's carried on...

Y ahora, contesta

1. Why was everyone in a hurry to finish eating?

2. Why did Holly want to finish dinner?

3. What did Harry want to carry on with?

4. Why was Charlie in a hurry to finish eating?

5. What was Cindy in no hurry to carry on with?

¡TEN CUIDADO!

Ojo con el verbo '**TO CARRY**' porque hay que aprender algunos trucos para pronunciarlo bien. Para empezar, hay que pronunciar las 'r's como una 'r' inglesa, o sea usando los labios en lugar de la lengua.

El final del pasado del verbo suena como una '**d**' sola (no 'ed'):
CARRIⓍD

El final del participio perfecto del verbo suena como una '**d**' sola (no 'ed'):
CARRIⓍD

En el pasado y participio perfecto del verbo '**TO CARRY**', no se pronuncia la 'ed' como una sílaba adicional. Es decir, '**carried**' tiene SÓLO DOS SÍLABAS, igual que '**carry**'.

TO KEEP ON 🔒
SEGUIR (HACIENDO ALGO)
NO PARAR

1. Mi ordenador **no para** de colgarse.	My computer keeps on crashing.
2. Si **sigues** haciendo eso, te despedirán.	If you keep on doing that, you'll get fired.
3. Él **sigue** fingiendo que no me conoce.	He keeps on pretending not to know me.
4. **No paró** de gritar hasta que vino la policía.	He kept on yelling until the police came.
5. **Sigue** practicando; lo conseguirás.	Keep on practising and you'll get it.
6. Ella **no para** de llamarme.	She keeps on calling me.
7. Yo **no dejo** de colgar el teléfono.	I keep on hanging up the phone.
8. Él **seguía** conduciendo aunque tenía sueño.	He kept on driving even though he was tired.
9. Ella **no para** de meterse en líos en el colegio.	She keeps on getting in trouble at school.
10. ¿Por qué **sigues** comprándole regalos?	Why do you keep on buying her presents?

DEBERES

Charlie Green **no para** de meterse en líos en el colegio y sus padres **siguen** recibiendo cartas de sus profesores. Por lo visto **no para** de quedarse dormido en clase. Cindy le dice **una y otra vez** que tiene que dormir más, pero Charlie **sigue** acostándose demasiado tarde. Harry **sigue** recordando a Charlie que si **no para** de quedarse dormido en clase, **seguirá** recibiendo malas notas. Charlie **sigue** contando a sus padres que **no para** de quedarse dormido en clase porque sus profesores **no paran** de darle demasiados deberes, que es la razón por la que **sigue** acostándose tan tarde.

HOMEWORK

Charlie Green keeps on getting in trouble at school and his parents keep on getting letters from his teachers. Apparently, he keeps on falling asleep in class. Cindy keeps on telling him that he has to get more sleep, but Charlie keeps on going to bed too late. Harry keeps on reminding Charlie that if he keeps on falling asleep in class, he'll keep on getting bad grades. Charlie keeps on telling his parents that he keeps on falling asleep in class because his teachers keep on giving him too much homework, which is why he keeps on going to bed so late.

She usually keeps on...
Last week she kept on...
So far this month she's kept on...

Y ahora, contesta

1. What is Charlie's problem at school?

2. Why does he keep on getting in trouble?

3. What does Cindy keep on telling her son?

4. What does Harry keep on reminding his son?

5. Why does Charlie say he keeps on falling asleep in class?

¡TEN CUIDADO!

Es verdad que los 'phrasal verbs' '**to carry on**' y '**to keep on**' son muy parecidos, pero existe una diferencia muy importante: no podemos usar 'to keep on' como imperativo o sin una acción después.

How long will you **carry on**?*
¿Cuánto tiempo continuarás?

* Sí podemos añadir el verbo en el gerundio después del 'phrasal verb', pero se supone que ya sabemos la acción a la que nos referimos.

How long will you **keep on** working?*
¿Cuánto tiempo seguirás trabajando?

* Has de colocar una acción (verbo en el gerundio) después del 'phrasal verb'. Siempre.

Es posible que hayas oído el rumor de que podemos usar el verbo '**to keep**' **sin** la preposición '**on**' con el mismo sentido. Pues, ¡es verdad! (Pero como éste es un libro de 'phrasal verbs', hemos incluido la preposición).

TO GO ON 🔒

CONTINUAR
HABLAR MUCHO DE ALGO
SEGUIR

1. ¿Tienes intención de **continuar** con ello?	Are you planning to go on with it?
2. El espectáculo debe **continuar**.	The show must go on!
3. No podemos **continuar** sin ellos.	We can't go on without them.
4. La fiesta **siguió** por más tiempo del que se esperaba.	The party went on longer than expected.
5. **Siguió** hasta altas horas de la madrugada.	It went on to the early hours of the morning.
6. Para de **hablar** tanto de tu nueva novia.	Stop going on about your new girlfriend!*
7. Llevas horas **hablando** de ella.	You've been going on and on† about her for hours!
8. Su padre no me permitirá **continuar** viéndola.	Her father won't let me go on seeing her.
9. No puedes **continuar** viviendo así.	You can't go on living like this.
10. Ya es hora de **continuar** con tu vida.	It's time to go on with your life.

†Podemos añadir 'and on' tantas veces como queramos para dar énfasis. "And on and on and on and on and on...".

INVITADOS NO BIENVENIDOS

Era el aniversario de los Green y habían invitado a todos sus amigos. Pensaban que la fiesta **continuaría** hasta las 23 h más o menos, pero acabó **durando** hasta mucho más tarde. La amiga de Cindy, Marge, **habló mucho** de su perro nuevo y el amigo de Harry, Frank, **habló** durante horas sobre el estado de la economía. Cindy **continuó** sirviendo bebidas y Harry **continuó** hablando con gente que **hablaba mucho** de cosas aburridas. A las 2 de la madrugada, los Green ya no podían **continuar** y les dijeron a todos que **continuaran** con la fiesta en otro sitio.

UNWELCOME GUESTS

It was the Greens wedding anniversary and they had invited all of their friends. They thought the party would go on until about 11pm, but it ended up going on until much later. Cindy's friend, Marge, went on and on about her new dog and Harry's friend, Frank, went on for hours about the state of the economy. Cindy went on serving drinks and Harry went on talking to people who went on and on about boring things. At 2am, the Greens couldn't go on any more and told everyone to go on with the party elsewhere.

You usually go on...
Last week you went on...
So far this month you've gone on...

Y ahora, contesta

1. How long did the Greens think the party would go on?

2. What happened?

3. Who went on and on about a dog?

4. What did Frank go on for hours about?

5. What happened at 2am?

Recuerda que

En inglés 'we go on **ABOUT** something' o 'someone':

> He keeps on going on **ABOUT** his new car.
> Él no para de **hablar** de su coche nuevo.

> She always goes on **ABOUT** her cousin.
> Ella siempre **habla** de su primo.

TO PUT ON 🔓
PONERSE

1. **Ponte** una bufanda, ¡hace un frío fuera! .... Put on a scarf; it's freezing outside!

2. Si yo fuera tú, **me pondría** un traje. .... If I were you, I'd put on a suit.

3. Hacía sol así que **se puso** sus gafas de sol. .... It was sunny so he put his sunglasses on.

4. Ella **se puso** su camiseta hacía atrás. .... She put her T-shirt on back-to-front.*

5. Me encanta **ponerme** un par de calcetines nuevos. .... I love putting on a new pair of socks.

6. Él **se puso** su jersey al revés. .... He put his sweater on inside-out.

7. ¿Por qué **se puso** guantes? .... Why did he put gloves on?

8. (Él) **se los puso** para cometer un crimen. .... He put them on to commit a crime.

9. Tuve que **ponerme** una camisa sucia esta mañana. .... I had to put on a dirty shirt this morning.

10. **Ponte** un gorro para que nadie te reconozca. .... Put on a hat so no one recognizes you.

*Refiérase a la explicación de la página siguiente.

¡DI PATATA!

Los Green se iban a sacar una foto familiar y todos tenían que **ponerse** su mejor ropa. Harry **se puso** una camisa nueva y **se puso** su traje nuevo. Cindy **se puso** su vestido favorito y **se puso** un collar nuevo. Charlie **se puso** el conjunto que **se ponía** para ocasiones especiales y también **se puso** una de las corbatas de su padre. Holly no encontraba nada que **ponerse** porque decía que no tenía ropa bonita. No quería **ponerse** su ropa vieja para la foto, así que **se puso** una de las blusas de su madre y también **se puso** unos pendientes de su madre. Cuando llegaron al estudio del fotógrafo, les pidió a todos que **sonrieran** y dijeran 'patata'.

SAY CHEESE!

The Greens were having a family photo taken and everyone had to put on their best clothes. Harry put on a new shirt and put on his new suit. Cindy put on her favourite dress and put on a new necklace. Charlie put on the outfit he put on for special occasions and also put on one of his father's ties. Holly couldn't find anything to put on because she said she didn't have any nice clothes. She didn't want to put on her old clothes for the photo, so she put on one of her mother's blouses and also put on a pair of her mother's earrings. When they got to the photographer's studio, he asked everyone to put on a smile and say 'cheese'.

I usually put on...
Last week I put on...
So far this week I've put on...

Y ahora, contesta

1. Why did everyone have to put on their best clothes?
   ....

2. What did Harry put on?
   ....

3. What did Cindy put on?
   ....

4. Why couldn't Holly find anything to put on?
   ....

5. What did the photographer ask them to do?
   ....

*Fíjate

Para que te quede claro, vamos a ilustrar cuáles son las diferencias entre los siguientes términos:

Upside-down	Inside-out	Back-to-front	The right-way round

TO TRY ON
PROBARSE

1. ¿**Te probaste** esos zapatos antes de comprarlos? .... Did you try on those shoes before you bought them?

2. Claro que **me** los **probé**, ¿por qué me lo preguntas? .... Of course I tried them on; why do you ask?

3. Me gustaría **probarme** esta camisa, por favor. .... I'd like to try this shirt on, please.

4. ¿Te gustaría **probarte** mi reloj? .... Would you like to try on my watch?

5. Nunca **me** he **probado** un Rolex de verdad. .... I've never tried on a real Rolex before.

6. Ella **se** lo **probó**, pero no le quedaba bien. .... She tried it on but it didn't suit her.

7. Tienes que **probarte** una talla más pequeña. .... You need to try on a smaller size.

8. Cuando **te probaste** mi camisa la estiraste. .... When you tried on my shirt you stretched it.

9. Déjame **probarme** tus gafas. .... Let me try on your glasses.

10. Ella compró el primer vestido de novia que **se probó**. ...... She bought the first wedding dress she tried on.

LOS PROBADORES

Harry tenía una boda dentro de una semana y se fue al sastre para **probarse** un chaqué. Harry odiaba **probarse** ropa, y a menudo compraba ropa sin **probársela**. Primero **se probó** los pantalones. Los primeros que **se probó** eran demasiado apretados, así que **se probó** una talla más grande que le quedaba mejor. **Se probó** al menos cuatro chaquetas hasta que encontró una que le gustaba. **Se probó** chalecos y **se probó** chisteras. **Se probó** pajaritas y **se probó** corbatas. Cuando llegó la hora de **probarse** zapatos, Harry estaba tan agotado de **probarse** tanta ropa, que se compró un par sin **probarlos**.

THE CHANGING ROOMS

Harry had a wedding in a week and went to the tailor's to try on a morning suit. Harry hated trying on clothes, and often bought clothes without trying them on. First he tried on the trousers. The first pair he tried on were too tight, so he tried on a bigger size that fitted better. He tried on at least four jackets until he found one he liked. He tried on waistcoats and he tried on top hats. He tried on bow-ties and he tried on neck ties. When it was time to try on shoes, Harry was so exhausted from trying on so many clothes, that he bought a pair without trying them on.

You usually try on...
Last week you tried on...
So far this month you've tried on...

Y ahora, contesta

1. Why did Harry go to the tailor's?

2. What did he hate?

3. What was wrong with the trousers he tried on?

4. How many jackets did he try on?

5. Why didn't Harry try on the shoes?

¡TEN CUIDADO!

No dejes que el verbo '**TO TRY**' te cause problemas de pronunciación. Primero, hay que pronunciar la 'r' como una 'r' inglesa, o sea usando los labios en lugar de la lengua.

> El final del pasado del verbo suena como una '**d**' sola (no 'ed'):
> **TRIⓍD**

> El final del participio perfecto del verbo suena como una '**d**' sola (no 'ed'):
> **TRIⓍD**

En el pasado y participio perfecto del verbo '**TO TRY**', no se pronuncia la 'ed' como una sílaba adicional. Es decir, '**tried**' tiene SÓLO UNA SÍLABA, igual que '**try**'.

TO HAVE ON 🔓
LLEVAR PUESTO

1. ¿Por qué **llevas puesto** tu abrigo? .... Why do you have your coat on?

2. Ella **levaba puesto** un vestido rosa. .... She had a pink dress on.

3. Los dos **llevaban puesto** lo mismo. .... They both had on the same thing.

4. **Llevo puestos** mis calcetines de la suerte. .... I have my lucky socks on.

5. Esa persona ¡no **lleva puesto** nada! .... That person has nothing on!

6. ¿**Llevas puestos** los zapatos? .... Do you have your shoes on?

7. Habla con alguien que **lleve puesto** un credencial. .... Talk to someone who has a name-tag on.

8. No **puedes llevar** puesto un gorro aquí. .... You can't have a hat on in here.

9. El ladrón **llevaba puesto** un pasamontañas. .... The burglar had a ski-mask / balaclava on.

10. ¡Qué suerte que (él) **llevaba puestas** sus botas de goma! It was lucky he had his wellingtons on!

LA RUEDA DE SOSPECHOSOS

Habían entrado ladrones en las casa de los Green y estaban en la comisaría para identificar a un hombre que habían visto salir corriendo. El primer hombre en la rueda de sospechosos **llevaba puesta** una chaqueta de piel marrón. El segundo y tercero **llevaban puestos** vaqueros azules y camisas blancas. El cuarto **llevaba puestas** gafas de sol. El quinto **llevaba puesto** pijama y el sexto **llevaba puesto** un traje. Los Green no estaba seguros de qué **llevaba puesto** el auténtico ladrón. Cindy pensaba que **llevaba puesto** un suéter azul-marino. Holly pensaba que **llevaba puesto** un gorro y Charlie estaba seguro de que **llevaba puesta** una máscara. Al final no podían decidir que **llevaba puesto** el ladrón, así que se fueron sin identificar a nadie.

THE LINE-UP

The Greens' house had been burgled and they were at the police station to identify a man they had seen running away. The first man in the line-up had on a brown leather jacket. The second and third men had on blue jeans and white shirts. The fourth man had sunglasses on. The fifth man had pyjamas on and the sixth man had on a suit. The Greens weren't sure what the real burglar had on. Harry thought he had on a black jacket. Cindy thought he had on a navy-blue sweater. Holly thought he had a hat on and Charlie was sure he had a mask on. In the end, they couldn't decide what the burglar had on, so they left without identifying anyone.

He usually has on...
Last week he had on...
So far this month he's had on...

Y ahora, contesta

1. Who had on a brown leather jacket?

2. What did both the second and third men have on?

3. Which man had sunglasses on?

4. Who thought the burglar had a mask on?

5. Why did the Greens leave without identifying anyone?

Recuerda que

Cuando el 'phrasal verb' es separable 🔓 y el complemento directo es un **PRONOMBRE**, éste ha de colocarse entre el VERBO y la PREPOSICIÓN.

Cuando el 'phrasal verb' es separable 🔓 y el complemento directo es un **SUSTANTIVO**, éste puede colocarse entre el VERBO y la PREPOSICIÓN o después de la PREPOSICIÓN.

VERBO
PREPOSICIÓN

He had **IT** on

PREPOSICIÓN
VERBO

He had on ✗

VERBO   PREPOSICIÓN

He had **A HAT** on

PREPOSICIÓN
VERBO

He had on **A HAT**

1. Nunca **nos ponemos de acuerdo** en nada.	We never agree on anything.
2. **Están de acuerdo** en todo.	They agree on everything.
3. ¿**Acordaron** la fecha de la boda?	Did they agree on the date of the wedding?
4. **Acordaron en** celebrarla el día 21.	They agreed on having it on the 21st.
5. No **se ponen de acuerdo** sobre la música.	They can't agree on the music.
6. ¿Quién **acordó** el nuevo diseño?	Who agreed on the new layout?
7. El consejo lo **acordó**.	The Board agreed on it.
8. **Nos pusimos de acuerdo** sobre el primer punto.	We agreed on the first point.
9. Todos **estamos de acuerdo** sobre la propuesta.	We all agree on the proposal.
10. ¿Qué pasó con el contrato que **acordamos**?	What happened to the contract we agreed on?

ACORDAR EN NO ACORDAR

Harry y Cindy siempre **están de acuerdo** sobre las cosas pequeñas pero nunca **están de acuerdo** sobre las cosas grandes. Cuando estaban mirando casas para comprar, no pudieron **ponerse de acuerdo** sobre un barrio, y cuando sí **estaban de acuerdo** sobre un barrio, no pudieron **ponerse de acuerdo** sobre una casa. Cuando compraron un coche, **se pusieron de acuerdo** sobre el color pero no sobre el modelo. Cuando se fueron de vacaciones, **se pusieron de acuerdo** sobre la duración pero no pudieron **ponerse de acuerdo** sobre el destino. Y cuando querían coger un perro, **se pusieron de acuerdo** sobre el nombre pero no sobre la raza.

AGREE TO DISAGREE

Harry and Cindy always agree on the little things but never agree on the big things. When they were looking at houses to buy, they couldn't agree on a neighbourhood, and when they did agree on a neighbourhood they couldn't agree on a house. When they bought a car, they agreed on the colour but they couldn't agree on the model. When they went on holiday, they agreed on the duration but they couldn't agree on the destination. And when they wanted to get a dog, they agreed on the name but couldn't agree on a breed.

We usually agree on...
Last week we agreed on...
So far this month we've agreed on...

Y ahora, contesta

1.   What do Harry and Cindy never agree on?
....

2.   What was the problem when Harry and Cindy were looking at houses?
....

3.   When they bought a car, what did they agree on?
....

4.   What was the problem when they went on holiday?
....

5.   When they wanted to get a dog, did they agree on a name or a breed?
....

¡TEN CUIDADO!

No confundas el verbo 'to agree' (sin preposición) y el 'phrasal verb' 'to agree on'.
En inglés, usamos 'to agree' cuando estamos de acuerdo. Y como puedes ver en la página opuesta, usamos 'to agree on' cuando coincidimos **en algo**.

He agrees with you. (Él) **está de acuerdo** contigo.	They agreed on a name for their baby. **Acordaron** un nombre para su bebé.

TO GET ON WITH 🔒

LLEVARSE BIEN CON

1. **Me llevo bien con** mi vecino. . . . . I get on with my neighbour.

2. Él no **se lleva bien** con sus suegros. . . . . He doesn't get on with his in-laws.

3. Ella quiere **llevarse bien con** su jefa nueva. . . . . She wants to get on with her new boss.

4. El equipo **se lleva bien con** su nuevo entrenador. . . . . The team get on with the new coach.

5. Es difícil **llevarse bien con** él. . . . . It's difficult to get on with him.

6. ¿**Te llevas bien con** tu casero? . . . . Do you get on with your landlord?

7. Él desearía **llevarse bien con** su hijo. . . . . He wishes he got on with his son.

8. No siempre **se llevan bien** entre ellos. . . . . They don't always get on with each other.

9. Antes **se llevaban bien** entre ellos. . . . . They used to get on with each other.

10. Hagamos un esfuerzo por **llevarnos bien con** el nuevo. . . Let's make an effort to get along with the new guy.

*En los EEUU se suele usar 'to get *along* with' con el mismo significado.

VECINOS

Los Green y Los Brown viven en la misma calle y puesto que tienen tanto en común, podrías pensar que **se llevarían** estupendamente, pero estarías equivocado. Harry **se lleva bien con** Bob Brown, pero Bob no **se lleva bien con** Cindy. Cindy **se lleva bien con** Jane Brown pero Jane no **se lleva bien con** Harry. Holly solía **llevarse bien con** Samantha Brown, pero Samantha no **se lleva bien** con la mejor amiga de Holly, Sarah, así que ahora no **se llevan bien**. Charlie **se lleva** bastante **bien con** Jack Brown, pero Jack **se lleva bien con** Jimmy White, que nunca **se ha llevado** muy **bien con** Charlie. Si tan solo Los Green y Los Brown pudieran **llevarse bien**, ¡serían como una familia feliz!

NEIGHBOURS

The Greens and the Browns live on the same street and as they have so much in common, you would think that they would get on with each other stupendously, but you'd be wrong. Harry gets on with Bob Brown, but Bob doesn't get on with Cindy. Cindy gets on with Jane Brown, but Jane doesn't get on with Harry. Holly used to get on with Samantha Brown, but Samantha doesn't get on with Holly's best friend Sarah, so now they don't get on. Charlie gets on quite well with Jack Brown, but Jack gets on well with Jimmy White, who has never got on well with Charlie. If only the Greens and the Browns could all get on, they'd be like one big happy family!

He usually gets on with...
Last week he got on with...
So far this month he's got on with...

Y ahora, contesta

1. Why would you think the Greens and the Browns get on?

....

2. What can be said about Harry and Bob Brown?

....

3. Who does Cindy get on with?

....

4. Why don't Holly and Samantha get on now?

....

5. Who has never got on well with Charlie?

....

Fíjate

En el espíritu de la amistad, cuando hacemos buenas migas la primera vez que conocemos a alguien, podemos usar la frase hecha 'to hit it off'.

> James and Sam hit it off at the party.
> James y Sam se **hicieron buenos amigos** en la fiesta.

Curiosamente, el verbo 'to hit' significa 'pegar' o 'chocar contra', lo cual hace este expresión un poco extraña. Si te pegas a alguien o chocas contra su coche, ¡no estáis 'hitting it off' (haciendo buenas migas)!

TO LET ON 🔒
REVELAR
DESVELAR

1. No **reveles** que me conoces. .... Don't let on that you know me.

2. ¿Por qué no **revelaste** que te tocó la lotería? .... Why didn't you let on that you won the lottery?

3. Él **reveló** sin querer la fiesta sorpresa. .... He accidentally let on about the surprise party.

4. Deberías **revelar** que le has visto. .... You should let on that you saw him.

5. Ella no **reveló** que era su cumpleaños. .... She didn't let on that it was her birthday.

6. Él siempre **revela** cuánto gana. .... He always lets on how much money he makes.

7. ¿Vas a **desvelar** cuánto pesas? .... Are you going to let on how much you weigh?

8. ¿Quién **reveló** la fusión? .... Who let on about the merger?

9. Alguien **desveló** que el jefe se va. .... Someone let on that the boss is leaving.

10. Por favor, no **desveles** mi error. .... Please, don't let on about my mistake.

GUARDANDO UN SECRETO

A los Green les encantan las Navidades y pasan mucho tiempo eligiendo regalos los unos para los otros. El problema es que siempre **revelan** lo que han comprado. El año pasado Harry **reveló** a Holly lo que compró para Cindy. Le pidió a Holly que no **revelara** que lo sabía, pero Holly lo **reveló** a Charlie y Charlie lo **reveló** a Cindy. Cindy no **desveló** que Charlie había **revelado** lo que era su regalo, pero sí **desveló** lo que le había comprado a Holly. Charlie era horrible guardando secretos y **reveló** a Holly cuál era su regalo. Como Holly no sabía lo que Charlie iba a recibir por Navidad, lógicamente no podía **revelar** lo que era.

KEEPING A SECRET

The Greens love Christmas time and spend a lot of time picking out presents for each other. The problem is they always let on what they have bought. Last year Harry let on to Holly what he bought for Cindy. He asked Holly not to let on that she knew, but Holly let on to Charlie and Charlie let on to Cindy. Cindy didn't let on that Charlie had let on what her present was, but she did let on what she had bought Holly. Charlie was terrible at keeping secrets and let on to Holly what her present was. As Holly didn't know what Charlie was getting for Christmas, obviously she couldn't let on what it was.

She usually lets on...
Last week she let on...
So far this month she's let on...

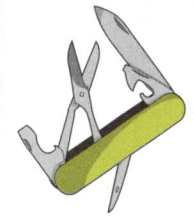

Y ahora, contesta

1. What do the Greens always do?

2. What did Harry let on last year?

3. What did he ask Holly not to do?

4. What did Holly do?

5. Why did Charlie let on what Holly's present was?

¡TEN CUIDADO!

No confundas los 'phrasal verbs' 'to let on' y 'to let IN on'.
Los dos son muy similares, pero como puedes ver debajo, 'to let in on' es un 'phrasal verb' separable. En inglés
'we let someone IN on something'.

He let her IN on the secret.
(Él) le contó el secreto (a ella).

Why won't you let me IN on the plan?
¿Por que no me contarás el plan?

OFF

TO GO OFF 🔒

ESTALLAR
SONAR

1. La bomba nunca **estalló**. .... The bomb never went off.

2. Se suponía que iba a **estallar** a las 12:00. .... It was supposed to go off at 12:00.

3. ¿Por qué no **estalló**? .... Why didn't it go off?

4. Su despertador (de él) **sonó** a las 06:00 .... His alarm went off at 06:00.

5. Su despertador (de ella) no **sonó** y se quedó dormida. .... Her alarm didn't go off and she overslept.

6. Pongo dos despertadores por si uno no **suena**. .... I set two alarms in case one doesn't go off.

7. La alarma de su coche (de ellos) no para de **sonar**. .... Their car alarm keeps going off.

8. Lleva toda la noche **sonando**. .... It's been going off all night.

9. La alarma de incendios ha **sonado** dos veces esta semana. . The fire alarm has gone off twice this week.

10. **Suena** cuando detecta humo. .... It goes off when it detects smoke.

MADRUGADORES

Los días laborables, los Green se despiertan a la misma hora. Bueno, casi. Harry se despierta cuando su despertador **suena** a las 07:00. Cindy se despierta cuando el despertador de Harry **suena**, pero preferiría despertarse cuando **suena** el suyo porque es una radio y no hace un sonido horrible de pitidos, como el de Harry. El despertador de Holly **suena** cinco minutos antes que **suena** el de Charlie para poder usar el baño antes que él. A Charlie no le importa cuando **suena** su despertador puesto que prefiere dormir. De hecho, cuando **suena** su despertador, lo apaga. Afortunadamente para él, Cindy oye su despertador **sonar** y le despierta de nuevo.

EARLY BIRDS

On weekdays, all the Greens wake up at the same time. Well, almost. Harry wakes up when his alarm clock goes off at 07:00. Cindy wakes up when Harry's alarm clock goes off, but she would prefer to wake up when hers goes off because it's a radio and doesn't make a horrible beeping sound, like Harry's. Holly's alarm clock goes off five minutes before Charlie's goes off so she can use the bathroom before him. Charlie doesn't care when his alarm clock goes off as he prefers to sleep. In fact, when his alarm clock goes off, he turns it off. Luckily for him, Cindy hears his alarm clock going off and wakes him up again.

It usually goes off...
Last week it went off...
So far it's gone off...

Y ahora, contesta

1. What time does Harry's alarm clock go off?

2. When does Cindy wake up?

3. Whose alarm clock goes off first, Charlie's or Cindy's?

4. What doesn't Charlie care about?

5. How does Cindy know to wake Charlie up again?

¡TEN CUIDADO!

El 'phrasal verb' 'to go off' es un verbo intransitivo (p.12) lo cual significa que no podemos 'go off' algo, sino algo 'goes off' (**estalla** o **suena**).

The alarm went off*.
La alarma **sonó.**

* Como **nadie hace** que la alarma **suene**, has de usar el verbo 'to go off'

The burglar went* the alarm off.
(esta frase no tiene ningún sentido)

* El verbo correcto aquí será 'to set' puesto que alguien **hace** que la alarma **suene.**

¡No te preocupes si todavía no lo tienes claro! Tenemos dos páginas dedicadas exclusivamente al 'phrasal verb' 'to set off' (P.204).

TO PAY OFF 🔒
DAR RESULTADO

1. Las medidas del gobierno están **dando resultados**.	The government's measures are paying off.
2. ¡Sigue intentándolo! Tu empeño **dará resultado**.	Keep trying! Your persistence will pay off.
3. Sus inversiones (de él) no **dieron fruto**.	His investments didn't pay off.
4. Sus tácticas **dieron resultado** y ganaron la guerra.	Their tactics paid off and they won the war.
5. ¿Crees que eso **dará resultado** a la larga?	Do you think that will pay off in the long run?
6. Su decisión (de ella) **dio resultado** al final.	Her decision paid off in the end.
7. Los cambios están empezando a **dar resultado**.	The changes are starting to pay off.
8. Esa estrategia nunca **dará resultado**.	That strategy will never pay off.
9. Me alegro de que tus esfuerzos **dieran resultado**.	I'm glad your effort paid off.
10. Le dieron una oportunidad y se vio **recompensado**.	They gave him a chance and it paid off.

PRUEBA SUERTE

Hace dos meses, Harry encontró un trébol de cuatro hojas y desde entonces todas sus decisiones le han **dado resultado**. Su nueva estrategia de marketing en el trabajo iba **dando resultados** y su dedicación en el campo de golf iba **dando resultados** también. Invirtió dinero en la bolsa de valores y su inversión **dio resultados**. Holly y Charlie estaban felices de que su inversión **diera resultado** porque les dio 100$ a cada uno. Cindy estaba extasiada por que su inversión **diera resultado** porque significaba que podrían terminar las reformas en su casa. Incluso el perro Skippy se alegró de que la inversión de Harry **daba resultado** porque le compraron una cama nueva y una bolsa grande de huesos. Harry no era muy de apuestas, pero puesto que todos sus riesgos estaban **dandole resultados** últimamente, compró un billete de lotería.

TAKE A CHANCE

Two months ago, Harry found a four-leafed clover and since then all his decisions have paid off. His new marketing strategy was paying off at work and his dedication on the golf course was paying off too. He invested money in the stock market and his investment paid off. Holly and Charlie were happy that his investment paid off because he gave them each $100. Cindy was ecstatic that his investment paid off because it meant that they could finish the renovations on their house. Even Skippy the dog was glad Harry's investment paid off because he got a new bed and a big bag of bones. Harry wasn't much of a gambler, but since all his risks have been paying off lately, he bought a lottery ticket.

It usually pays off...
Last week it paid off...
So far it's paid off...

Y ahora, contesta

1. Why have all of Harry's decisions been paying off?

2. What was paying off at work?

3. What happened with Harry's investment?

4. Why was Cindy happy the investment paid off?

5. Why did Harry buy a lottery ticket?

Fíjate

¡No me digas! ¿Otro 'PHRASAL VERB' que se convierte en un **SUSTANTIVO**?

What's the **PAY-OFF**?
¿Cuál es el **beneficio**?

The **PAY-OFF** will be worth it.
El **beneficio** merecerá la pena.

¡Sigue buscando más ejemplos de 'phrasal verbs' que se convierten en sustantivos!

TO SWITCH / TURN OFF

APAGAR
CERRAR

1. ¿Te acordaste de **apagar** la tele? .... Did you remember to turn off the TV?

2. Ella se olvidó de **apagar** la cafetera. .... She forgot to switch off the coffee machine.

3. ¡Pensaba que **apagué** el micrófono! .... I thought I turned off the microphone!

4. **Apagar** las luces es una buena forma de ahorrar energía. . Switching off lights is a good way to save energy.

5. **¿Apagas** tu PC por las noches? .... Do you turn off your computer at night?

6. No me dejes olvidar **apagar** el horno. .... Don't let me forget to turn off the oven.

7. **Cierra** el grifo cuando te estés cepillando los dientes. .... Turn off the tap when you're brushing your teeth.

8. **¿Cerraste** el gas antes de salir? .... Did you turn off the gas before you left?

9. ¡No consigo averiguar cómo **apagarlo**! .... I can't figure out how to turn it off!

10. **¡Apaga** la radio! Estoy intentando dormir. .... Switch off the radio! I'm trying to sleep.

¿ESTÁS SEGURO?

Mientras Los Green estaban de camino a la playa, de repente Cindy tuvo una sensación horrible de que se les había olvidado **apagar** algo. "¿**Apagaste** la tele?", le preguntó a Harry. "¡Claro que la **apagué**!", le respondió. "**Apagaste** el ordenador?", le preguntó a Holly. "¡Siempre lo **apago**!", le dijo. "¿**Apagaste** el estéreo?", le preguntó a Charlie. "No, no lo **apagué** yo, pero le pedí que Papá que lo **apagara** por mí." Cindy sabía que **apagó** todas las luces y si Harry **apagó** la tele y el estéreo, y Holly **apagó** el ordenador, ¿qué más había que **apagar**?

ARE YOU SURE?

While the Greens were on their way to the beach, Cindy suddenly had a horrible feeling that they had forgotten to turn something off. "Did you turn off the TV?", she asked Harry. "Of course I turned it off!", he relpied. Did you turn off your computer?", she asked Holly. "I always turn it off!", she said. "Did you switch off your stereo?", she asked Charlie. "No, I didn't switch it off, but I told Dad to switch it off for me." Cindy knew she turned off all the lights and if Harry turned off the TV and the stereo and Holly turned off her computer, what else was there to turn off?

She usually switches / turns off...
Last week she switched / turned off...
So far she's switched / turned off...

Y ahora, contesta

1. What was Cindy's horrible feeling?

2. What did she ask Harry?

3. What did she ask Charlie?

4. Who turned off the stereo?

5. Who turned off all the lights?

 **Fíjate**

Como *adjetivo* '**off**' significa '**apagado/a**'.

> Why is the light **off**?
> ¿Por qué está la luz **apagada**?

> It has been **off** all night.
> Lleva toda la noche **apagada**.

También podemos usar '**turned off**' o '**switched-off**' como adjetivos pero resulta más fácil usar sólo las preposiciones, ¿no?

TO COME OFF 🔒

SALIRSE
CAERSE

1. Odio cuando **se caen** los botones.	I hate it when buttons comes off.
2. Mi póster favorito **se está cayendo**.	My favourite poster is coming off.
3. La suela de mi zapato **se cayó**.	The sole of my shoe came off.
4. Él devolvió la chaqueta porque **se salió** la cremallera.	He returned the jacket because the zipper came off.
5. La tecla 'H' de mi teclado **se cayó**.	The 'H' key on my keyboard came off.
6. **Se** le **salió** el zapato cuando estaba corriendo.	His shoe came off while he was running.
7. ¡Esta pegatina no **se despega**!	This sticker won't come off!
8. **Se** le **cayó** la uña así que se fue al hospital.	His fingernail came off so he went to the hospital.
9. Esperemos que la pata de la mesa no **se caiga**.	Let's hope the table leg doesn't come off.
10. Esa camisa es una imitación - ¡el logo **se está cayendo**!	That shirt is a fake - the logo is coming off!

¡DE COMPRAS!

Las desgracias nunca vienen solas, y cuando las cosas **se caen**, ¡**se caen** todas a la vez! Holly necesitaba unos vaqueros nuevos porque uno de los bolsillos **se estaba cayendo**. Cindy necesitaba una blusa nueva porque dos de los botones **se cayeron**. "¿Como **se cayeron**?", preguntó Harry. "Quizás **se cayeron** en la lavadora", respondió Cindy. De hecho, necesitaban comprar una lavadora nueva, puesto que la puerta **se salió** la última vez que fue abierta. Charlie necesitaba unos zapatos nuevos porque la suela del derecho **se cayó** y la del izquierdo estaba en punto de **caerse**. Incluso necesitaban comprar un mando a distancia nuevo después de que los botones de volumen **se cayeran** cuando se cayó del sofá.

SHOPPING!

When it rains it pours, and when things come off, they come off all at once! Holly needed a new pair of jeans because one of the pockets was coming off. Cindy needed a new blouse because two of the buttons came off. "How did they come off?", asked Harry. "Perhaps they came off in the washing machine", Cindy replied. In fact, they needed to buy a new washing machine, as the door came off the last time it was opened. Charlie needed a new pair of shoes because the sole of the right one came off and the left sole was about to come off. They even needed to buy a new remote control after the volume buttons came off when it fell off the sofa.

It usually comes off...
Last week it came off...
So far it's come off...

Y ahora, contesta

1. Why did Holly need a new pair of jeans?

2. What did Harry ask Cindy?

3. Why did they need a new washing machine?

4. What was wrong with Charlie's shoes?

5. Why did the volume buttons come off the remote control?

Recuerda que

Este 'phrasal verb' es:

INTRANSITIVO

Los 'phrasal verbs' intransitivos **no llevan complemento directo**, por lo que, el verbo se refiere sólo al sujeto.

No se puede 'come off something'.

The wheel	*came off*.
La rueda	**se cayó**.

SUJETO   VERBO

1. La pequeña **se cayó** de su bici.	The little girl fell off her bike.
2. El jinete **se cayó** de su caballo.	The jockey fell off his horse.
3. Si **te caes**, ¡vuelves a subirte!	If you fall off, get back on!
4. Su pendiente (de ella) **se le cayó** en la piscina.	Her earring fell off in the swimming pool.
5. ¿**Se cayó** esta manzana del árbol o la cogiste tú?	Did this apple fall off the tree or did you pick it?
6. Todos los pétalos **se están cayendo** de la flor.	All the petals are falling off the flower.
7. En otoño, las hojas **se caen** de los árboles.	In fall*, leaves fall off the trees.
8. El pájaro **se cayó** de la rama.	The bird fell off the branch.
9. ¿Ese hombre acaba de **caerse** del tejado?	Did that man just fall off the roof?
10. La hélice **se cayó** del avión.	The propeller fell off the plane.

*En el Reino Unido se dice 'autumn', /otaám/, en vez de 'fall'.

¡QUÉ TORPE!

Cuando Charlie llegó a casa con un corte en su rodilla, Cindy le preguntó qué pasó. "**Me caí**", dijo Charlie. "¿De qué **caíste**?", preguntó Cindy', a lo cual Charlie respondió, "**me caí** del monopatín." Cindy se fue a por el botiquín, pero cuando volvió, vio a Holly entrando con un golpe en la cabeza. "¿De qué **te caíste** tú?", preguntó Cindy, a lo cual Holly respondió, "**me caí** de la bici". Justo entonces entró Harry cojeando porque **se cayó** de las escaleras de mano. "¡¿Cómo **caíste** de la escalera de mano!?, preguntó Cindy. "**Me caí** intentando cambiar una bombilla", dijo Harry. Holly no quería una tirita un su cabeza porque siempre **se caían**. Harry no quería una venda en su tobillo porque no quería que nadie supiera que **se cayó** de las escaleras de mano y Charlie sólo quería que su herida sanara para poder ver la costra **caerse**.

HOW CLUMSY!

When Charlie came home with a cut knee, Cindy asked him what happened. "I fell off", said Charlie. "What did you fall off of?", asked Cindy, to which Charlie replied, "I fell off my skateboard." Cindy went to get the first aid kit, but when she came back, she saw Holly coming in with a bump on her head. "What did you fall off of?", asked Cindy, to which Holly replied, "I fell off my bike". Just then, Harry came in limping because he fell off the ladder. "How did you fall off the ladder!?", asked Cindy. "I fell off it trying to change a light bulb", said Harry. Holly didn't want a bandage on her head because they always fell off. Harry didn't want a bandage on his ankle because he didn't want anyone to know he fell off the ladder and Charlie just wanted his cut to heal so he could see his scab fall off.

I usually fall off...
Last week I fell off...
So far I've fallen off...

Y ahora, contesta

1. What happened to Charlie?

2. What happened to Holly?

3. What did Harry fall off of?

4. Why didn't Holly want a plaster?

5. Why did Charlie want his cut to heal?

¡TEN CUIDADO!

Sólo podemos emplear el 'phrasal verb' to 'fall off' cuando algo estaba 'on' en primer lugar. Por ejemplo, un diente no se pude 'fall off' (caerse) porque **no** está 'on' la boca, sino 'IN' (dentro de) la boca, lo cual significa que tenemos que usar lo contrario de 'in' - 'out'.

Por otro lado, una oreja puede 'fall off' (caerse) porque está 'ON' (en) la cabeza.

My phone fell off* the table.
Mi móvil **se cayó** de la mesa

* Empleamos la preposición 'off' porque antes de caerse, el móvil estaba 'on' (en) la mesa, y 'off' es lo contrario de 'on'.

My phone fell off* my pocket.
Mi móvil **se cayó** del bolsillo.

* La preposición correcta será 'out' porque antes de caerse, el móvil estaba 'in' (dentro) del bolsillo, y 'out' es lo contrario de 'in'.

1. ¿Por qué **te quitaste** los zapatos? .... Why did you take off your shoes?

2. **Me** los **quité** porque estaban cubiertos de barro. .... I took them off because they were muddy.

3. Él **se quitó** la corbata y se remangó. .... He took off his tie and rolled up his sleeves.

4. Él nunca **se quita** las gafas, ¡incluso en la ducha! .... He never takes his glasses off, even in the shower!

5. ¿Por qué no **te quitas** el abrigo? .... Why don't you take off your coat?

6. Ella no podía **quitarse** las botas sola. .... She couldn't take her boots off by herself.

7. ¿Cuándo vas a **quitarte** las vendas? .... When are you going to take the bandages off?

8. Se le cayó vino en los pantalones, así que **se los quitó**. ..... He spilt wine on his trousers, so he took them off.

9. Tus calcetines apestan - ¡**quítatelos**! .... Your socks smell - take them off!

10. ¡Es un anillo hermoso! Nunca **me** lo **quitaré**. .... It's a beautiful ring! I'll never take it off.

¡TRASTOS!

La casa de Los Green está siempre atestada de cosas debido a todas las cosas que **se quitan** cuando vuelven a casa. Los zapatos no son el problema, puesto que Cindy les hace a todos **quitárselos** antes de entrar. Sin embargo, cuando Harry llega a casa, **se quita** la chaqueta y la tira en el sofá, y después **se quita** la corbata y la cuelga en el picaporte. Después de que Charlie **se quita** la mochila y la deja en la mesa, **se quita** el suéter y lo deja encima de la encimera. Holly se va a su cuarto para **quitarse** el abrigo y después **quitarse** los calcetines, los cuales, después de **quitárselos**, deja en el suelo. Cindy se está cansada de recoger todas las cosas que su familia **se quita**, y piensa que sería buena idea hacerles **quitarse** todo antes de entrar.

CLUTTER!

The Greens house is always cluttered because of all the things they take off when they come home. Shoes aren't the problem, since Cindy makes everyone take them off before coming in. However, when Harry gets home he takes off his jacket and throws it on the sofa, and then he takes off his tie and hangs it on the door handle. After Charlie takes his backpack off and leaves it on the table, he takes his sweater off and leaves it on the kitchen counter. Holly goes to her room to take her coat off and take off her socks, which, after taking them off, she leaves on the floor. Cindy is getting tired of picking up all the things her family take off and thinks it would be a good idea to make them take *everything* off before coming in.

You usually take off...
Last week you took off...
So far you've taken off...

Y ahora, contesta

1. Why is the Greens' house always cluttered?

2. What does Cindy make everyone do before coming in the house?

3. What does Harry take off when he comes home?

4. Where does Holly take off her coat and her socks?

5. What does Cindy think would be a good idea?

Recuerda que

Cuando el 'phrasal verb' es separable 🔓 y el complemento directo es un **PRONOMBRE**, éste ha de colocarse entre el VERBO y la PREPOSICIÓN.

Cuando el 'phrasal verb' es separable 🔓 y el complemento directo es un **SUSTANTIVO**, éste puede colocarse entre el VERBO y la PREPOSICIÓN o después de la PREPOSICIÓN.

VERBO PREPOSICIÓN
PREPOSICIÓN VERBO

He took **IT** off   He took off ❌

PREPOSICIÓN
VERBO

He took **HIS HAT** off

PREPOSICIÓN
VERBO

He took off **HIS HAT**

TO TAKE OFF 🔒

DESPEGAR
IRSE

1. ¿A qué hora **despega** tu avión?	What time does your plane take off?
2. Se supone que **despega** a las 14:00.	It's supposed to take off at 14:00.
3. El helicóptero no podía **despegar**.	The helicopter couldn't take off.
4. Odio los **despegues** y aterrizajes.	I hate takeoffs* and landings.
5. ¿Fue un **despegue** cómodo?	Was it a comfortable takeoff?
6. **Me voy**; te veo mañana.	I'm taking off; I'll see you tomorrow.
7. ¡No **te vayas** todavía!	Don't take off yet!
8. Debo **irme** o el avión **despegará** sin mi.	I must take off or my plane will take off without me.
9. Después de que el avión **despegara**, se dirigió hacia el este.	After the plane took off, it headed east.
10. El avión pequeño era demasiado pesado para **despegar**.	The little plane was too heavy to take off.

*Refiérase a la explicación de la página siguiente.

LISTO PARA DESPEGAR

Antes, a Charlie y a Holly les encantaba ir al aeropuerto para ver los aviones **despegar**. Deben haber visto centenares de aviones **despegar**. Sin embargo, los dos odian volar porque cuando el avión **despega**, hace mucho ruido. Charlie intenta escuchar música durante el **despegue**, pero las azafatas siempre le dicen que durante el **despegue**, no se puede tener ningún aparato electrónico encendido. Holly intenta dormir durante el **despegue**, pero las azafatas siempre le dicen que durante el **despegue**, no se puede tener el asiento bajado. Como Charlie no puede escuchar música mientras el avión está **despegando** y Holly no se puede dormir mientras está **despegando**, los dos cruzan los dedos durante el **despegue**.

CLEAR FOR TAKEOFF

Charlie and Holly used to love going to the airport to watch the planes take off. They must have watched hundreds of planes take off. However, both of them hate to fly themselves because when the plane takes off, it makes a lot of noise. Charlie tries to listen to music during takeoff, but the air-stewardesses always tell him that during takeoff, you can't have any electrical devices switched on. Holly tries to sleep during takeoff, but the air-stewardesses always tell her that during takeoff, you can't have your seat down. Since Charlie can't listen to music while the plane is taking off and Holly can't sleep while it is taking off, both of them cross their fingers during takeoff.

It usually takes off...
Last weke it took off...
So far it's taken off...

Y ahora, contesta

1. Why did Holly and Charlie used to go to the airport?

2. How many planes must they have watched take off?

3. Why do Holly and Charlie hate flying?

4. Why can't Charlie listen to music during takeoff?

5. Why can't Holly sleep during takeoff?

*Fíjate

"Buenos días, aquí su capitán **SUSTANTIVO**. En breves momentos veremos otro 'phrasal verb' que se convierte en sustantivo."

What time is **TAKEOFF**? ¿A qué hora es el **despegue**?	There was a problem during **TAKEOFF**. Hubo un problema durante el **despegue**.

"Les damos las gracias por haber aprendido con nosotros y les suplicamos recordar que no se convierten en sustantivo todos los 'phrasal verbs'."

TO SET OFF 🔒
SALIR (DE VIAJE)

1. Hicieron las maletas y **salieron** hacia las ruinas. .... They packed their bags and set off for the ruins.

2. **Salieron** sin un guía. .... They set off without a guide.

3. ¿A qué hora **salieron**? .... What time did they set off?

4. Si no **salimos** ahora, nunca llegaremos. .... If we don't set off now, we'll never get there.

5. Su coche se averió, así que **salieron** a pie. .... Their car broke down, so they set off on foot.

6. Me apetece **salir** de aventura. .... I feel like setting off on an adventure.

7. **Salieron** para el norte, pero no fueron vistos nunca más. ...... They set off north, but were never seen again.

8. El convoy **salió** en marzo y llegó en junio. .... The convoy set off in March and arrived in June.

9. ¿En qué dirección **salió** él? .... Which direction did he set off in?

10. (Él) **salió** después de que ella **saliera**, pero él llegó primero. .. He set off after she set off, but he arrived first.

¡PREPARADOS, LISTOS, YA!

Los Green estaban preparándose para **salir** de vacaciones y querían **salir** antes de que hubiera demasiado trafico. La última vez que **salieron** de viaje, **salieron** demasiado tarde y se atascaron en una caravana, así que esta vez Harry quería asegurarse de que **salieran** antes que todos los demás. Harry y Charlie iban a **salir** por la mañana en el coche de Harry y Cindy y Holly iban a **salir** por la tarde en el coche de Cindy. **Saldrían** juntos en el mismo coche, pero Cindy tenía una cita en el dentista a las 14:00, así que no podía **salir** por la mañana. No les importaba no **salir** juntos porque Harry y Cindy siempre discuten cuando están juntos en el coche.

READY, SET, GO!

The Greens were getting ready to set off on holiday and they wanted to set off before there was too much traffic. The last time they set off on holiday, they set off too late and got stuck in a traffic jam, so this time Harry wanted to make sure they set off before everyone else. Harry and Charlie were going to set off in the morning in Harry's car and Cindy and Holly were going to set off in the afternoon in Cindy's car. They would set off together in the same car, but Cindy had a dentist's appointment at 14:00, so she couldn't set off in the morning. They didn't mind setting off in different cars because Harry and Cindy always argue when they are in the car together.

We usually set off...
Last week we set off...
So far we've set off...

Y ahora, contesta

1. What were the Greens getting ready to do?

   ....

2. Why did they get stuck in traffic the last time?

   ....

3. When were Harry and Charlie going to set off?

   ....

4. Why couldn't Cindy set off in the morning?

   ....

5. Did they mind setting off in different cars?

   ....

 **Fíjate**

Empleamos 'off' como *adjetivo* cuando alguien **se va**.

> Guys, I'm off.
> Chicos, **me voy**.

> Are you off already?
> ¿**Te vas** ya?

En una carrera, cuando los participantes empiezan, se suele escuchar a los comentaristas diciendo:

"And they're off!"

En este contexto, esto no significa que 'están apagados' sino '¡y **se van**!'

TO CALL OFF 🔓
CANCELAR

1. Tuvo que **cancelar** su viaje.	He had to call his trip off.
2. ¿Por qué lo **canceló**?	Why did he call it off?
3. ¿Has oído que **cancelaron** el concierto?	Did you hear they called off the concert?
4. Lo **cancelaron** porque el cantante estaba enfermo.	They called it off because the singer was ill.
5. El evento ha sido **cancelado**.	The event has been called off.
6. Si no encontramos local, tendremos que **cancelarlo**.	If we don't find a venue, we'll have to call it off.
7. El torneo fue **cancelado** debido a la nieve.	The tournament was called off due to the snow.
8. La NASA **canceló** el lanzamiento.	NASA called off the launch.
9. El equipo de rescate **canceló** la búsqueda.	The rescue team called off the search.
10. (Ella) **canceló** su boda en el último momento.	She called off her wedding at the last minute.

EN CASA EN LA CAMA

Había un virus muy malo circulando y todos los Green estaban en casa enfermos. Harry nunca **cancelaba** nada, pero estaba tan enfermo que tuvo que **cancelar** una reunión importante. Cindy odia **cancelar** las cosas, pero su catarro era tan fuerte que tuvo que **cancelar** su clase de piano semanal. Charlie no quería **cancelar** su excursión con los exploradores, pero tenía mucha fiebre, así que Cindy le hizo **cancelarlo**. Holly estaba tan enferma que tuvo que **cancelar** un ensayo para la obra de teatro de su escuela. Resultó que la reunión de Harry habría sido **cancelada** incluso si no la hubiera **cancelado** porque todos los que iban a asistir estaban enfermos también, y el profesor de piano de Cindy se alegró de que ella cancelara la clase, porque si no, la habría **cancelado** él.

HOME IN BED

There was a nasty bug going around and the Greens were all at home sick. Harry never called anything off, but he was so sick that he had to call off an important meeting. Cindy hates to call things off but her cough was so bad that she had to call off her weekly piano lesson. Charlie didn't want to call off his excursion with the boy scouts, but he had a high fever, so Cindy made him call it off. Holly was so under the weather that she was forced to call off a rehearsal for her school play. As it turned out, Harry's meeting would have been called off even if he hadn't called it off because everyone who was going to attend was sick too, and Cindy's piano teacher was glad she called the lesson off, because if not, he would have called it off.

You usually call off...
Last week you called off...
So far you've called off...

Y ahora, contesta

1. Why did Harry have to call off an important meeting?

2. Why did Cindy have to call off her piano lesson?

3. What did Cindy make Charlie do?

4. What would have happened if Harry hadn't called the meeting off?

5. Why was Cindy's piano teacher glad?

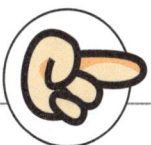 **Fíjate**

Otro uso de '**off**' como *adjetivo* es cuando algo está **cancelado.**

> The party is **off**.
> La fiesta está **cancelada**.

> Is the wedding really **off**?
> ¿Está la boda **cancelada** de verdad?

Ya sabes que lo contrario de 'off' es '**on**', ¿no? Bueno, en este caso, podemos usar '**on**' como adjetivo cuando algo **sigue en pie** o **va a suceder**. Así que no te preocupes porque ¡la fiesta **sigue en pie** (the party is **on**) y la boda **sigue en pie** también (the wedding is **on** too)!

TO PUT OFF 🔓

APLAZAR
RETRASAR

1. ¿Cuánto tiempo vas a **aplazarlo**? .... How long are you going to put it off?

2. Siempre **retrasas** decisiones hasta el último minuto. .... You always put off decisions until the last minute.

3. Es demasiado tarde - lo has **retrasado** mucho. .... It's too late; you've put it off too long.

4. Podemos **aplazar** la reunión hasta la semana que viene. .... We can put the meeting off until next week.

5. **Retrasemos** el tomar una decisión por ahora. .... Let's put off making a decision for now.

6. ¿Por qué sigues **retrasando** llamarla? .... Why do you keep putting off calling her?

7. **Retrasaron** hacer las maletas hasta hoy. .... They put off packing until today.

8. ¿Puede el gobierno realmente **aplazar** las elecciones? .... Can the government really put the election off?

9. (Él) no puede **retrasar** la cirugía más. .... He can't put off the surgery any longer.

10. Siempre **aplaza** hoy lo que puedes hacer mañana. .... Always put off today what you can do tomorrow.

EL DENTISTA

Harry estaba en el dentista porque tenía un dolor de muela. **Retrasó** pedir cita todo lo que pudo porque siempre **retrasa** las cosas desagradables. Cuando Harry le contó al dentista cuál era el problema, el dentista le preguntó porque **aplazó** venir por tanto tiempo. Después de examinar su muela, el dentista le dijo a Harry que si no hubiera **retrasado** pedir cita, podría haber salvado el diente, pero puesto que lo **retrasó**, ahora tendrían que sacarlo. Lógicamente, Harry quería **aplazar** el procedimiento porque sabía que iba a doler mucho. El dentista le dijo que cuanto más lo **retrasara**, peor se pondría. Al final Harry decidió que no **retrasaría** el procedimiento más, y además, nunca **aplazaría** otra cita dental jamás.

THE DENTIST

Harry was at the dentist's because he had a toothache. He put off making an appointment for as long as possible because he always puts off unpleasant things. When Harry told the dentist what the problem was, the dentist asked him why he put off coming in for so long. After examining his tooth, the dentist told Harry that if he hadn't put off making an appointment, he could have saved the tooth, but since he put it off, he would now have to have it taken out. Of course, Harry wanted to put the procedure off because he knew it was going to hurt a lot. The dentist told him that the longer he put it off, the worse it would get. In the end, Harry decided that he wouldn't put off the procedure any more and furthermore, he would never put off another dental appointment again.

He usually puts off...
Last week he put off...
So far he's put off...

Y ahora, contesta

1. Why did Harry put off making an appointment with the dentist?

....

2. What did the dentist ask him?

....

3. Why couldn't the dentist save Harry's tooth?

....

4. What did Harry want to do regarding the procedure?

....

5. What would Harry never do again?

....

 **Fíjate**

¿Te has fijado como los 'phrasal verbs' 'to call off' y 'to put off' son muy parecidos?

Pues sí, pero 'to call off' conlleva la idea de 'cancelar', o por lo menos 'suspender indefinidamente',

mientras que 'to put off' significa 'aplazar' o 'suspender temporalmente'.

They called off the show due to poor ticket sales.
Cancelaron el espectáculo debido a malas ventas de entradas.

They put off the show until they sold more tickets.
Suspendieron el espectáculo hasta que vendieron más entradas.

1. El efecto del medicamento **se pasa** tras cuatro horas. ...... The medication wears off after four hours.

2. El dolor **se** está **pasando**. .... The pain is wearing off.

3. Cuando el efecto de la aspirina **se pase**, tomate dos más. .. When the aspirin wears off, take two more.

4. El entusiasmo **se pasó** después de un rato. .... The excitement wore off after a while.

5. El efecto del gas hilarante tardó dos horas en **pasarse**. ...... It took two hours for the laughing gas to wear off.

6. No puedes comer hasta que la anestesia **se pase**. .... You can't eat until the anaesthetic wears off.

7. ¿Cuánto tiempo hasta que **se pase**? .... How long before it wears off?

8. La capa de oro de mi reloj **se** está **desgastando**. .... The gold is wearing off my watch.

9. Algunas de las letras de mi teclado **se desvanecieron**. ...... Some of the letters wore off of my keyboard.

10. Los efectos de la cafeína **se pasan** después de una hora. .... The effects of caffeine wear off after an hour.

EL GAS HILARANTE

Harry no tenía ganas de que le quitaran el diente porque estaba preocupado por que el gas hilarante **se** le **pasara** demasiado pronto. "¿Cuánto tiempo suele tardar el gas en **pasarse**?", le preguntó al dentista. "A veces **se pasa** después de dos o tres horas, y a veces **se pasa** después de cinco o seis horas", respondió el dentista. Harry pidió al dentista que le diera una doble dosis para que tardar mucho tiempo en **pasarse**, y el dentista lo hizo. Después, Cindy llevó a Harry a casa en coche porque no podía conducir hasta que los efectos del gas **se** le **pasaran**. Pero Harry tendría que esperar un buen rato para que **se** le **pasara**. De hecho, tras diez horas, cuando los efectos no daban muestras de **pasarse**, Harry empezó a desear que se diera prisa y **se** le **pasara** para poder dejar de babearse.

THE LAUGHING GAS

Harry wasn't looking forward to having his tooth taken out because he was worried the laughing gas would wear off too soon. "How long before the gas usually wears off?", he asked the dentist. "Sometimes it wears off after two or three hours, and sometimes it wears off after five or six hours.", replied the dentist. Harry told the dentist to give him a double dose so that it would take a long time to wear off, and the dentist did. Afterwards, Cindy drove Harry home because he couldn't drive until the effects of the gas wore off. But Harry would have to wait a long time for it to wear off. In fact, ten hours later, when the effects showed no sign of wearing off, Harry began to wish it would hurry up and wear off so he could stop drooling all over himself.

It usually wears off...
Last week it wore off...
So far it's worn off...

Y ahora, contesta

1. What was Harry worried about?

2. What did he ask the dentist?

3. Why did Harry want a double dose of laughing gas?

4. Why couldn't Harry drive?

5. Why did Harry want the effects to wear off?

 **Fíjate**

Cuando **dejamos de tomar** medicamentos o algo que puede perjudicar nuestra salud, solemos emplear la preposición '**off**' como *adjetivo*.

> How long until you're **off** the antibiotics?
> ¿Cuánto tiempo falta para que **dejar de tomar** las antibióticos?

> As of tomorrow, I'm **off** chocolate.
> A partir de mañana, **no como** chocolate.

Por otro lado, cuando **tomamos** medicamentos o incluso drogas, empleamos lo contrario de nuestro amigo '**off**', que ya sabemos se llama '**on**'.

> He was **on** antibiotics but now he's **off** them.
> Antes estaba **tomando** antibióticos pero ya **no** se los está **tomando**.

TO GO OFF 🔒

ESTROPEARSE
PASARSE

1. Los plátanos que compré se han **estropeado**. .... The bananas I bought have gone off.

2. Más vale que compruebes si la leche se ha **pasado**. .... You'd better check if the milk has gone off.

3. **Se pasó** hace semanas juzgando por el olor. .... It went off weeks ago judging by the smell.

4. Todo en su nevera **se estropeó** cuando estaba fuera. .... Everything in his fridge went off when he was away.

5. Se ha caducado pero aún no **se ha estropeado**. .... It's past its sell-by date but it hasn't gone off yet.

6. ¿Cómo sabes si la comida **se ha estropeado**? .... How can you tell if food has gone off?

7. Si tiene moho, entonces probablemente **se ha pasado**. ..... If it's mouldy, then it's probably gone off.

8. La mayonesa **se ha estropeado**. Tírala. .... The mayonnaise has gone off. Throw it away.

9. ¿**Se** puede **estropear** el agua? .... Can water go off?

10. Ella congela todo para que nada **se estropee**. .... She freezes everything so nothing goes off.

A LO HECHO, PECHO

Los Green nunca compran leche fresca porque siempre **se estropea** antes de que puedan terminarla. De hecho, Cindy solo compra alimentos que tardan mucho tiempo en **estropearse**, por lo que Los Green nunca comprueban si los alimentos en la nevera **se han estropeado**. Sin embargo, un día Harry tomó un sorbo de su café y sabía que la leche que le echó **se había estropeado**. "¡¿Como **se estropeó** esta leche!?", dijo escupiendo su café, "Nuestra leche nunca **se estropea**!". Cindy no podía creer que la leche **se hubiera estropeado**, así que miró a la fecha de caducidad. "¡No me lo puedo creer!", exclamó, "¡esta leche **se pasó** hace dos semanas!". Cindy sabía que sólo compró la leche hace una semana lo cual significaba que **se había estropeado** antes de que la trajera a casa. Lógicamente, tenía que comprobar el resto de la compra para verificar que no **se hubiera estropeado** nada más.

DON'T CRY OVER SPILT MILK

The Greens never buy fresh milk because it always goes off before they can finish it. In fact, Cindy only buys food that takes a long time to go off, which is why the Greens never check to see if the food in the fridge has gone off. However, one day Harry took a sip of his coffee and knew that the milk he put in it had gone off. "How did this milk go off!?", he said spitting out his coffee, "Our milk never goes off!" Cindy couldn't believe that the milk had gone off, so she looked at the sell-by date. "I can't believe it!", she cried, "this milk went off two weeks ago!" Cindy knew that she only bought the milk a week ago which meant that it had gone off before she brought it home. Of course, she had to check the rest of the shopping to make sure nothing else had gone off.

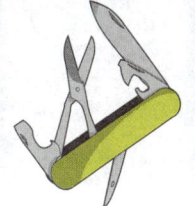

It usually goes off...
Last week it went off...
So far it's gone off...

Y ahora, contesta

1. Why don't the Greens buy fresh milk?

   ....

2. What kind of food does Cindy buy?

   ....

3. What was wrong with the milk Harry put in his coffee?

   ....

4. How long ago had the milk gone off?

   ....

5. Why did Cindy check the rest of the shopping?

   ....

 **Fíjate**

¿Te puedes creer que uno de los significados de 'off' como adjetivo,
es 'rancio', 'malo', 'pasado', y 'cortado'? ¡Claro que sí!

This milk is off.
Esta leche está **rancia**.

It smells a little off.
Huele un poco **pasado**.

TO GIVE OFF 🔒

EMITIR (LUZ, ENERGÍA)
DESPEDIR (HUMO, OLOR)

1. El fuego **despidió** mucho humo. .... The fire gave off a lot of smoke.

2. Está **despidiendo** un olor extraño. .... It's giving off a strange smell.

3. Una vela no **da** mucha luz. .... A candle doesn't give off much light.

4. Si asustas a una mofeta, **despide** un olor horrible. .... If you scare a skunk, it gives off a horrible smell!

5. ¿Se supone que la olla exprés tiene que **despedir** vapor? .. Is the pressure cooker supposed to give off steam?

6. ¿Qué está **despidiendo** ese olor? .... What is giving off that smell?

7. Algunas velas **desprenden** un agradable aroma al arder. .... Some candles give off a nice aroma when they burn.

8. Esa fábrica está **emitiendo** demasiada contaminación. ...... That factory is giving off too much pollution.

9. Algunos animales **emiten** una fragancia. .... Some animals give off a scent.

10. Estos radiadores **emiten** mucho calor. .... These radiators give off a lot of heat.

UN MAL OLOR

Algo en la casa de los Green estaba **despidiendo** un olor horrible, pero nadie sabía qué lo estaba **emitiendo**. Cindy pensó que un par de zapatos viejos podía estar **emitiendo** el olor, así que olió todos los pares de la casa y, aunque todos **echaban** mal olor, ninguno daba la extraña peste que podía oler por toda la casa. Harry pensó que un roedor muerto podría estar **emitiendo** el olor, así que bajó al sótano. Había muchas cajas viejas que **olían** a humedad, pero nada que estuviera **produciendo** el misterioso olor. Después de unos días, los Green estaban tan desesperados por encontrar lo que estaba **despidiendo** una peste tan horrible, que pensaron que si no encontraban lo que lo estaba **emitiendo**, se tendrían que mudar.

A STENCH

Something in the Greens' house was giving off a horrible smell but nobody knew what was giving it off. Cindy thought an old pair of shoes might be giving off the smell, so she smelled every pair in the house and although they all gave off a bad smell, none of them gave off the strange odour that was in the house. Harry thought a dead rodent might be giving off the smell, so he went down to the basement. There were lots of old boxes giving off musty smells, but none of them gave off the mysterious smell. After a few days, the Greens were getting so desperate to find what was giving off such a horrible stench that if they couldn't find out what was giving it off, they thought they might have to move house.

It usually gives off...
Last week it gave off...
So far it's given off...

Y ahora, contesta

1. What was the problem in the Greens' house?
   ....

2. What did Cindy think?
   ....

3. Why weren't the shoes the problem?
   ....

4. Why did Harry go down to the basement?
   ....

5. What were the Greens desperate to find out?
   ....

 # Fíjate

Por último, si bien no menos importante, 'to give off' es un 'phrasal verb' inseparable, lo cual significa que no separamos el verbo y la preposición. De ese modo, siempre podemos pronunciarlos como una sola palabra: /givófff/.

> Drains 'givóffff' unpleasant smells.
> Los sumideros **emiten** olores desagradables.

Este truco también funciona en otros tiempos del verbo (¡y también con muchos verbos más!):

Presente (tercera persona): **gives off**: /givsófff/
Pasado: **gave off**: /geyvófff/

RESPUESTAS

PÁGINA 21

1. He **picked up** a copy of *The Times*.

2. No one **picked up**.

3. She **picked** him **up** opposite the bank.

4. Someone else would have to **pick** him **up** after he had finished.

5. She couldn't **pick** him **up** because she had to **pick up** some pizzas she had ordered.

PÁGINA 23

1. He stopped at the petrol station to **fill** his car **up**.

2. He couldn't remember if he had to **fill** it **up** with diesel or petrol.

3. He reminded him that he usually **filled** it **up** with petrol.

4. The attendant was **filling up** Peter's car while Peter went to the bathroom.

5. He **filled** his water bottle **up** in the public bathroom because he hated paying for water.

PÁGINA 25

1. He usually presses a button on the remote control to **turn** the volume **up**.

2. He couldn't **turn** it **up** because he had lost the remote.

3. He wasn't worried because he thought there was a way to **turn** it **up** manually.

4. He couldn't **turn** it **up** manually because the TV was a new one.

5. He **turned up** the radio to listen to the game while he watched it on TV.

PÁGINA 27

1. The rumour was that they were going to **break up** after the concert.

2. Larry didn't want to go because he had just **broken up** with his girlfriend.

3. He waited for the crowd to **break up**.

4. He asked them if they were really **breaking up** or not.

5. They told him they might not **break up** after all.

PÁGINA 29

1. They **ended up** in Frankfurt.

2. They **ended up** sleeping in a park.

3. They **ended up** in Budapest after jumping on the back of a lorry.

4. They **ended up** checking into a hotel because they were very tired and hungry.

5. Peter **ended up** sleeping on the floor because the room only had one bed.

PÁGINA 31

1. They always involve **giving up** some sort of bad habit.

2. Three years ago he had sworn to **give up** junk food.

3. Last year he had tried to **give up** drinking beer.

4. The problem was he could only manage to **give** them **up** for a month or two.

5. This year he's going to **give up** making new year's resolutions.

UP + DOWN

PÁGINA 33
1. After Peter had **hung** the phone **up**, it rang again.
2. The caller **hung up** without saying a word.
3. He **hung up** after his first try because nothing happened.
4. He **hung up** after the second try because the phone just rang and rang.
5. He **hung up** on her because she was very rude.

PÁGINA 35
1. He **woke up** at 10am.
2. He should have **woken up** at 7am.
3. He showered and drank two large cups of coffee to help himself **wake up**.
4. He **woke** his neighbour **up** to ask for a ride to work.
5. His alarm clock hadn't **woken** him **up** because it was Saturday.

PÁGINA 37
1. He has trouble **getting up** in the morning.
2. He often **gets up** late.
3. He needs to set two alarm clocks to **get up**.
4. He has problems **getting up** because he stays up late.
5. On weekends he **gets up** whenever he **wakes up**.

PÁGINA 39
1. He is Peter's favourite Formula 1 driver.
2. If he didn't **catch up** with the rest of the drivers, he would lose everything.
3. With 20 laps to go, he had **caught up** with the 5th place driver.
4. He needed to **catch up** with the 3rd place driver to become champion.
5. On the final lap, the 4th place driver **caught up** with Otto and overtook him.

PÁGINA 41
1. He has the great ability to **make up** jokes.
2. When he found out he was entered in the show, he started **making up** excuses.
3. He didn't have trouble **making up** jokes around his friends because he knew them.
4. He wasn't sure he could **make up** any good jokes in front of an audience.
5. On the day of the show, he started **making up** new material.

PÁGINA 43
1. He has been chosen to **draw up** the new annual budget.
2. He was fired because he didn't **draw** it **up** very well.
3. He **drew up** a list of people who could help him **draw up** the budget.
4. His plan was to **draw up** a draft of the budget first.
5. If he **drew** it **up** well, he would probably get promoted.

PÁGINA 45

1. He is trying to **come up with** gift ideas for his girlfriend.
2. The things he **comes up with** are either too expensive or too dull.
3. He has asked all his friends and family to help him **come up with** ideas.
4. He has until the 15th / four days to **come up with** something.
5. The last thing he wants is to have to **come up with** an excuse.

PÁGINA 47

1. He is planning to **set up** his own art gallery.
2. He doesn't know how to **set** an art gallery **up**.
3. His friends can't help him **set** it **up** because they are all too busy.
4. He arranged a meeting with a company specialized in **setting up** new companies.
5. His goal was to have the gallery **set up** by the end of the year.

PÁGINA 49

1. One of his friends had **signed up** for a business studies course.
2. He wanted Peter to **sign up** too.
3. He didn't want to **sign up** because he wanted to **sign up** for something more interesting.
4. He was going to **sign up** for SCUBA diving classes instead.
5. The problem with **signing up** for SCUBA diving was that he needed someone else to **sign up** with him.

PÁGINA 51

1. He didn't have anyone to **back up** his alibi because he had been at home alone.
2. They told him that without anyone to **back** him **up** he would have to go to the police station.
3. Peter was sure there was someone who could **back** him **up**.
4. She wouldn't be able to **back** him **up** because she hadn't answered his phone calls.
5. The phone records would **back up** his story.

PÁGINA 53

1. He thought "**Dress Up**" meant in a costume.
2. No, they weren't **dressed up** in costumes.
3. When Peter got there, everyone else was **dressed up** in tuxedos.
4. He said he was **dressed up** as an elf because elves didn't know that '**dress up**' had two meanings.
5. He would **dress up** as an elf again for the Halloween party.

PÁGINA 55

1. He needed to **look up** so many words because his Spanish wasn't very good.
2. His dictionary was good for **looking up** basic vocabulary.
3. It was bad for **looking up** complicated words because it was a pocket dictionary.
4. He found the number for the book store by **looking** it **up** on the Internet.
5. He realized that if he could **look up** phone numbers on the Internet, then he could **look up** Spanish vocabulary too.

1. When he went up to the 20th floor he was told to **go** back **down** to the 18th floor.

2. He didn't **go down** in the lift because it was only two floors.

3. As he was **going down** the stairs, he tripped and hurt his ankle.

4. He **went down** the rest of the stairs carefully.

5. He **ended up** going down to the 17th floor.

PÁGINA 61

1. After work, he likes to **sit down** in front of the TV and relax.

2. He didn't want to **sit down** after work today because he had been **sitting down** all day.

3. Instead of **sitting down**, he went for a jog.

4. When he got to his parents' house, he **sat down** in his usual chair.

5. He **sat down** on the dessert.

PÁGINA 63

1. He needs to buy a new mattress because when he **lies down** on his, it squeaks.

2. He wanted to **lie down** on all the mattresses in the store to be sure he bought the right one.

3. He wasn't convinced there was one he wanted to **lie down** on every night.

4. He had heard that **lying down** on the floor was good for your back.

5. He would rather **lie down** on his old squeaky mattress than **lie down** on the floor.

PÁGINA 65

1. He hasn't been able to **slow down** lately because his parents have been with him.

2. On his way to the airport he noticed that the traffic was **slowing down**.

3. He **slowed down** and took the next exit.

4. He **slowed down** because he couldn't afford to get a speeding ticket.

5. His heart rate wouldn't **slow down** until his parents were on their plane.

PÁGINA 67

1. He couldn't concentrate in his house because his neighbours wouldn't **turn** their music **down**.

2. He had asked them to **turn** it **down** twice.

3. Instead of asking them to **turn** it **down** again, he went to the library.

4. In the library, he forgot to **turn down** the volume on his mobile phone.

5. The librarian told Peter he would have to **turn** it **down** or find somewhere else to read.

PÁGINA 69

1. Most people don't **write** things **down** any more because everyone has a PDA.

2. Peter still likes to **write** things **down** because he's traditional.

3. He uses up so many post-its because he **writes** so many things **down**.

4. He is afraid he will forget something if he doesn't **write** it **down**.

5. The problem with **writing** so many things **down** is that he forgets where he has **written** them **down**.

1. On the way to the airport, Peter's car **broke down**.
2. The taxi **broke down** too.
3. He got out of the **broken-down** taxi and started hitchhiking.
4. The plane had **broken down** on the runway.
5. If he couldn't get to the meeting, the negotiations would **break down**.

PÁGINA 73

1. After he had read the book, Peter felt **let down**.
2. The boy's parents had **let** him **down**.
3. They had **let** him **down** on Christmas day.
4. He didn't make promises because he was afraid he would break them and **let** someone **down**.
5. Peter wasn't going to recommend the book to anyone because he didn't want to **let** anyone **down**.

PÁGINA 75

1. He had to **break down** the figures from the last sales campaign.
2. His initial **breakdown** was too general.
3. His boss wanted the **breakdown** to be very specific.
4. They needed to be **broken down** by the end of the day.
5. He decided to **break** them **down** by store in the end.

PÁGINA 77

1. Jane **turned** Peter **down** last Monday.
2. He thinks she **turned** him **down** because of his appearance.
3. Three girls **turned** Peter **down** last week.
4. No, he has never not been **turned down**.
5. He might keep getting **turned down** because he's only 140cm tall.

RESPUESTAS

PÁGINA 81
1. She **went into** the reception area.
2. The receptionist told Sarah to **go into** the waiting room.
3. It was 40 minutes before Sarah **went into** the smaller room.
4. The other nurse **came into** the smaller room to take Sarah's blood pressure.
5. The doctor finally **came in** an hour and a half later.

PÁGINA 83
1. She'll have to **get into** her car to go to the airport.
2. She'll **get into** a helicopter at the airport.
3. She'll have to get out of the helicopter because the island is too small to land on.
4. She'll **get into** a rowboat after she gets out of the helicopter.
5. The idea of **getting into** a helicopter terrifies Sarah.

PÁGINA 85
1. Sarah was thinking about all the **break-ins** when she locked her keys in the car.
2. Her only option was to **break into** her own car.
3. She decided to **break in** using a screw-driver.
4. The concerned neighbour thought Sarah was **breaking into** someone else's car.
5. Sarah tried to explain to the policeman that she was **breaking into** her own car.

PÁGINA 87
1. The classes were boring and there was too much information to **take in**.
2. She couldn't **take in** everything the teacher said because he spoke too fast.
3. Because a lot of her classmates were doodling or looking out the window.
4. She had thought it would take her three months to **take in** the basics.
5. Sarah knew she would need at least a year to **take** everything **in**.

PÁGINA 89
1. A lot of people were **filling in** because a lot of Sarah's colleagues were sick.
2. She called a temp agency to find someone to **fill in** for the secretary.
3. They couldn't send a secretary to **fill in** because all the secretaries were **filling in** elsewhere.
4. Sarah decided to **fill in** for the secretary herself.
5. Sarah's work was piling up because no one was **filling in** for her.

PÁGINA 91
1. Sarah had to **hand in** her tax forms.
2. She wanted to **hand** them **in** personally to avoid any problems.
3. She had to go to the IRS office to **hand** them **in**.
4. She couldn't **hand** them **in** because she had left her purse in the taxi and she needed her ID.
5. Sarah hoped that someone had found her purse and **handed** it **in**.

PÁGINA 93
1. She wanted to **drop in** on a few old friends.
2. She wanted to **drop in** on so many people because she hadn't been back to her home town in almost a year.
3. Sarah's great aunt was ecstatic when Sarah **dropped in**.
4. Next, she **dropped in** on a family whose children she used to baby-sit for.
5. They weren't at home because they had gone to **drop in** on their grandmother.

IN + OUT

PÁGINA 95
1. Sarah was **putting** clothes **in** a suitcase because she was packing for a long weekend.
2. She **put** her blouses **in** the bottom of her suitcase.
3. She saved space by **putting** her socks **in** her shoes.
4. She **put** all her toiletries **in** her toiletry bag.
5. She couldn't **put** anything else **in** her suitcase because she had already **put in** too many clothes.

PÁGINA 97
1. Sarah couldn't use her computer right away because she couldn't **plug** everything **in**.
2. She solved the problem by **plugging in** a multi-socket extension lead.
3. She **plugged in** the computer, the monitor and the speakers.
4. She couldn't **plug in** her printer because there weren't any free sockets left on the power strip.
5. A small fire broke out because she had **plugged in** too many things.

PÁGINA 99
1. The old lady asked Sarah if she could **push in**.
2. After Sarah let the old lady **push in**, two other old ladies **pushed in**.
3. The man said Sarah had **pushed in**.
4. Sarah wondered how she could have **pushed in** if the man wasn't even in the line.
5. As far as she was concerned, the man was the one who had **pushed in**.

PÁGINA 101
1. Her bad habit when she was a kid was **butting in**.
2. She had to **butt in** a lot at home because no one ever paid attention to her.
3. They were always telling her off for **butting in** while they were speaking.
4. She eventually learned that **butting in** was rude.
5. No one likes it when someone **butts in** on their conversation.

PÁGINA 103
1. Sarah's car was at the mechanic's again because she had **bumped into** another car and broken her headlights.
2. On her way home, she **bumped into** one of her primary school teachers.
3. Her teacher had **bumped into** another student from the same class recently.
4. The teacher had **bumped into** them both in the same neighbourhood.
5. It was possible that Sarah would **bump into** her old friend as well.

PÁGINA 105
1. The mayor was arrested after the authorities had **looked into** his bank accounts.
2. While he was in prison, the police **looked into** several of his businesses.
3. The restaurant they **looked into** had apparently not served a meal in over a decade.
4. The car dealership they **looked into** only had one car for sale.
5. When they tried to **look into** the charity organization, they discovered that it didn't really exist.

PÁGINA 107
1. Sarah had **filled in** her tax forms wrong.
2. She used red ink to **fill** them **in**.
3. She should have used black or blue ink to **fill** them **in**.
4. The last page was the most important to **fill in**.
5. If it wasn't completely **filled in**, she would have to **fill in** everything again.

PÁGINA 109

1. Sarah had 20 minutes to **check in**.
2. She went to the **check-in** counter to **check in**.
3. She couldn't **check in** any luggage because of the new rules.
4. No, she didn't have anything to **check in**.
5. She always travels light so she doesn't waste time **checking in**.

PÁGINA 113

1. Sarah got a job **giving out** free gym passes.
2. Every time she **gave out** a pass she had to get a name and a telephone number.
3. No one wanted to **give out** their phone number for fear of being bothered by a telemarketer.
4. People **gave out** the wrong phone number so they could get the gym pass.
5. The gym owner cancelled the promotion when he realized people were **giving out** phoney information.

PÁGINA 115

1. Sarah had **gone out** with her friends.
2. They had **gone out** to a movie premiere.
3. They were waiting outside the cinema for the stars of the movie to **come out**.
4. They waited an hour until the director **came out**.
5. The stars of the movie didn't **come out** because they had **gone out** the back door of the cinema.

PÁGINA 117

1. Harry Tricks will have to **get out** of a pair of handcuffs.
2. Next, he will have to **get out** of a straitjacket.
3. It will be difficult to **get out** of the box because it will be locked.
4. If he **gets out** of the box in the aquarium, he will have to **get out** of the way of the sharks.
5. If he is eaten by a shark, he will have to figure out a way to **get out** of its stomach.

PÁGINA 119

1. Sarah was watching a scary movie when the lights **went out**.
2. She knew there hadn't been a power cut because none of the other houses' lights had **gone out**.
3. When Sarah dropped the candle, it **went out**.
4. The matches kept **going out**.
5. Sarah went down to the basement to find out why the lights had **gone out**.

PÁGINA 121

1. People were being warned to **put** cigarettes **out** properly because there was a risk of fires.
2. Firefighters were trying to **put** the fire **out**.
3. It would be difficult to **put out** because of the dryness and the winds.
4. They finally managed to **put** it **out** using helicopters.
5. The fire had started because someone hadn't **put out** their cigar properly.

PÁGINA 123

1. J.O. King was **bringing out** a new book.
2. Sarah waited in line for a signed first edition the day J.O. King **brought out** her first book.
3. Sarah had waited in line every time J.O. King **brought out** a new book.
4. Sarah was happy that J.O. King was finally **bringing out** the final instalment.
5. She was sad because J.O. King wouldn't be **bringing out** any more books.

1. A new blockbuster movie is **coming out** this weekend.
2. There are three parts.
3. Sarah was nine years old when the first part **came out**.
4. When the second part **came out**, she waited up all night to get tickets.
5. Sarah has noticed a lot of companies **coming out** with promotional products based on the trilogy.

1. Sarah was left high and dry because the buyer for her house had **backed out**.
2. When Sarah was at work, she was told several key figures had **backed out** of her project.
3. She thought they had **backed out** because they had got cold feet.
4. Sarah couldn't afford to let anyone else **back out**.
5. She told the people who hadn't **backed out** that they would regret it later if they **backed out** now.

1. Sarah was reading about a candidate who people wanted to **drop out** of the election.
2. He had **dropped out** of school when he was 15.
3. He had **dropped out** of school to work in his parents' store.
4. No, Sarah didn't want him to **drop out**.
5. Because **dropping out** of school to help your family showed loyalty and a good work ethic.

1. Sarah needed to **rule** some of the options **out**.
2. She **ruled out** the safari holiday first.
3. She **ruled out** Florida because she was scared of hurricanes.
4. She wasn't sure why she **ruled** India **out**.
5. She chose to go to Scotland because it was the only place she hadn't **ruled out**.

1. Sarah had only **figured out** how to solve the Rubik's Cube once.
2. She couldn't **figure out** how to do it again.
3. She was able to **figure out** how to get all the yellow squares on one side.
4. She knew there was a trick to **figuring out** the cube.
5. She was in the attic for almost an hour trying to **figure out** the Rubik's Cube.

1. Sarah was going to the dentist to have a tooth **taken out**.
2. She had heard stories about dentists **taking out** the wrong tooth.
3. Sarah didn't want to have two teeth **taken out**.
4. The dentist **took** a lollipop **out** of his pocket.
5. She wondered if dentists should really be **handing out** candy to people.

1. She couldn't **get out** a red wine stain.
2. She tried to **get** the stain **out** first by pouring white wine on it.
3. She rubbed nail polish on the stain to **get** it **out**.
4. The last thing she tried to **get** the stain **out** with was baking soda.
5. The carpet cleaner **got** the stain **out** using Mr. Red Wine.

PÁGINA 139

1. Sarah didn't want anyone to **find out** about her birthday.

2. No, no one had **found out** last year.

3. She thought someone had **found out** because people were asking her questions about her likes and dislikes.

4. If she **found out** about a surprise party, she would **find out** who was organizing it.

5. In order to **find out** more, she asked one of her best friends to **find out** what was being planned.

PÁGINA 141

1. Sarah **ran out** of petrol when she was driving home from work.

2. She realized that she had **run out** of coffee.

3. She had also **ran out** of milk, sugar and bread.

4. **Running out** of bread was the last straw.

5. Sarah had finally **run out** of patience.

RESPUESTAS

PÁGINA 145

1. When Harry gets home, he **turns on** his 50-inch flat-screen TV.
2. When Cindy gets home, she **turns on** the oven and then **turns on** the range.
3. When Holly gets home, she **turns on** her computer.
4. Before Charlie starts playing his guitar, he **turns on** his HI-FI and **switches on** his amplifier.
5. When the Greens go to bed, they **turn on** their bedside lamps.

PÁGINA 147

1. Harry has to remember not to **leave** the TV **on** when he leaves the living room.
2. Cindy has to remember not to **leave** the oven **on** when she finishes using it.
3. When Holly goes to school, she has to remember not to **leave** her computer **on**.
4. They are all going to have to make an effort not to **leave** the light **on** when they leave a room.
5. The only thing they can **leave on** when they leave the house is the alarm.

PÁGINA 149

1. The main attraction **got on** a tiny bike and rode it around the circus tent.
2. A strong man **got on** Jimbo.
3. The clown **got on** the strong man.
4. The trapeze artist **got on** to balance the tower of people.
5. The tight-rope walkers helped Charlie **get on** the trapeze-artist's shoulders.

PÁGINA 151

1. Mr. Jones **jumped on** to the chair because Skippy jumped on to the sofa with him.
2. Skippy **jumped on** to the chair too because he thought it was a game.
3. Mr. Jones wasn't happy about Skippy **jumping on** to the chair with him.
4. Skippy was having fun **jumping on** to things.
5. Skippy managed to **jump on** to the kitchen counter by jumping on a stool first.

PÁGINA 153

1. Charlie's dad told him to **hang on** because he was watching the news.
2. Charlie's mum asked him if he couldn't **hold on** until after dinner.
3. Charlie's sister told him to **hold on** as she was on the phone.
4. Charlie couldn't **hold on** for his sister because he could be **holding on** for hours.
5. Charlie told his mother to **hang on** because he was doing his homework.

PÁGINA 155

1. Everyone was in a hurry to finish eating so they could **carry on** with what they were doing.
2. Holly wanted to finish eating so she could **carry on** writing a letter to a friend.
3. Harry wanted to **carry on** watching the football.
4. Charlie was in a hurry to finish eating so he could **carry on** playing his new video game.
5. Cindy was in no hurry to **carry on** washing clothes or to **carry on** cleaning the house.

PÁGINA 157

1. Charlie's problem at school is that he **keeps on** getting in trouble.
2. He **keeps on** getting in trouble because he **keeps on** falling asleep in class.
3. Cindy **keeps on** telling her son that he needs to get more sleep.
4. Harry **keeps on** reminding his son that if he **keeps on** falling asleep, he'll **keep on** getting bad grades.
5. Charlie says he **keeps on** falling asleep in class because his teachers **keep on** giving him too much homework.

ON + OFF

PÁGINA 159
1. The Greens thought the party would **go on** until about 11pm.
2. It ended up **going on** until much later.
3. Cindy's friend, Marge, **went on** and on about a dog.
4. Frank **went on** for hours about the state of the economy.
5. At 2am the Greens told everyone to **go on** with the party elsewhere.

PÁGINA 161
1. Everyone had to **put on** their best clothes because the Greens were having a family photo taken.
2. Harry **put on** a new shirt and put on a new suit.
3. Cindy **put on** her favourite dress and she **put on** a new necklace.
4. Holly couldn't find anything to **put on** because she said she didn't have any nice clothes.
5. The photographer asked them to **put** a smile **on** their faces and to say cheese.

PÁGINA 163
1. Harry went to the tailor's to **try on** a morning suit.
2. He hated **trying on** clothes.
3. The trousers he **tried on** first were too tight.
4. He **tried on** at least four jackets.
5. Harry didn't **try on** the shoes because he was so exhausted from **trying on** so many clothes.

PÁGINA 165
1. The first man in the line-up **had on** a brown leather jacket.
2. Both the second and the third men **had on** blue jeans and white shirts.
3. The fourth man **had** sunglasses **on**.
4. Charlie thought that the burglar **had** a mask **on**.
5. The Greens left without identifying anyone because they couldn't decide what the burglar **had on**.

PÁGINA 167
1. Harry and Cindy never **agree on** the big things.
2. When they were looking at houses they couldn't **agree on** a neighbourhood.
3. They **agreed on** the colour when they bought a car.
4. When they went on holiday they couldn't **agree on** the destination.
5. When they wanted to get a dog, they **agreed on** the name.

PÁGINA 169
1. You would think they **get on** because they live on the same street and have so much in common.
2. Harry **gets on** with Bob Brown.
3. Cindy **gets on** with Jane Brown.
4. Holly and Samantha don't **get on** now because Samantha doesn't **get on** with Holly's best friend.
5. Jimmy White has never **got on** well with Charlie.

PÁGINA 171
1. The Greens always **let on** what they bought for each other.
2. Last year Harry **let on** to Holly what he had bought Cindy.
3. He asked Holly not to **let on** that she knew.
4. Holly **let on** to Charlie that she knew.
5. Charlie **let on** to Holly what her present was because he was terrible at keeping secrets.

PÁGINA 175

1. Harry's alarm clock **goes off** at 07:00.
2. Cindy wakes up when Harry's alarm clock **goes off**.
3. Holly's alarm clock **goes off** before Charlie's.
4. Charlie doesn't care when his alarm clock **goes off**.
5. Cindy knows to wake Charlie up again because she hears his alarm clock **going off**.

PÁGINA 177

1. All of Harry's decisions have been **paying off** because he found a four-leafed clover.
2. Harry's new marketing strategy was **paying off** at work.
3. Harry's investment **paid off**.
4. Cindy wads happy the investment **paid off** because it meant they could finish the renovations on their house.
5. Harry bought a lottery ticket because all of his risks have been **paying off** lately.

PÁGINA 179

1. Cindy had a horrible feeling that they had forgotten to **turn** something **off**.
2. She asked Harry if he had **turned off** the TV.
3. She asked Charlie if he had **switched off** his stereo.
4. It was Harry who **turned off** the stereo.
5. It was Cindy who **turned off** all the lights.

PÁGINA 181

1. Holly needed a new pair of jeans because one of the pockets was **coming off**.
2. Harry asked Cindy how her blouse buttons had **come off**.
3. They needed a new washing machine because the door **came off**.
4. One of the soles on Charlies shoes **came off** and the other one was about to come off.
5. The volume buttons **came off** the remote control because it fell off the sofa.

PÁGINA 183

1. Charlie **fell off** his skateboard.
2. Holly **fell off** her bike.
3. Harry **fell off** the ladder.
4. Holly didn't want a plaster on her head because they always **fell off**.
5. Charlie wanted his cut to heal so he could see his scab **fall off**.

PÁGINA 185

1. The Greens' house is always cluttered because of all the things they **take off** when they get home.
2. Cindy makes everyone **take off** their shoes before coming in the house.
3. When Harry comes home he **takes off** his jacket and his tie.
4. Holly **takes off** her coat and her socks in her room.
5. Cindy thinks it would be a good idea to make everyone **take off** everything before coming in the house.

PÁGINA 187

1. Holly and Charlie used to go to the airport to watch the planes **take off**.
2. They must have watched hundreds of planes **taking off**.
3. Holly and Charlie hate flying because when the plane **takes off**, it makes a lot of noise.
4. Charlie can't listen to music during **takeoff** because you're not allowed to have electrical devices switched on.
5. Holly can't sleep during **takeoff** because you're not allowed to have your seat down.

PÁGINA 189

1. The Greens were getting ready to **set off** on holiday.
2. They got stuck in traffic last time because they **set off** too late.
3. Harry and Charlie were going to **set off** in the morning.
4. Cindy couldn't **set off** in the morning because she had a dentist's appointment.
5. No, they didn't mind **setting off** in different cars.

PÁGINA 191

1. Harry had to **call off** an important meeting because he was sick.
2. Cindy had to **call off** her piano lesson because she had a bad cough.
3. Cindy made Charlie **call off** his excursion with the boy scouts.
4. If Harry hadn't **called** the meeting **off**, it would have been **called off** anyway.
5. Cindy's piano teacher was glad she **called** the lesson **off**.

PÁGINA 193

1. Harry **put off** making an appointment with the dentist because he always **puts off** unpleasant things.
2. The dentist asked him why he **put off** coming in for so long.
3. The dentist couldn't save Harry's tooth because Harry had **put off** going to the dentist.
4. Harry wanted to **put** the procedure **off**.
5. Harry would never **put off** another dental appointment again.

PÁGINA 195

1. Harry was worried that the laughing gas would **wear off** too soon.
2. He asked his dentist how long it takes for the gas to **wear off**.
3. Harry wanted a double dose of laughing gas so that it would take a long time to **wear off**.
4. Harry couldn't drive until the effects of the gas **wore off**.
5. Harry wanted the effects of the gas to **wear off** so he could stop drooling all over himself.

PÁGINA 197

1. The Greens don't buy fresh milk because it always **goes off** before they can finish it.
2. Cindy only buys food that takes a long time to **go off**.
3. The milk that Harry put in his coffee had **gone off**.
4. The milk had **gone off** two weeks ago.
5. Cindy checked the rest of the shopping to make sure nothing else had **gone off**.

PÁGINA 199

1. The problem in the Greens' house was that something was **giving off** a horrible smell.
2. Cindy thought an old pair of shoes might be **giving off** the smell.
3. The shoes weren't the problem because none of them **gave off** the strange odour that was in the house.
4. Harry went down to the basement because he thought a dead rodent might be **giving off** the smell.
5. The Greens were desperate to find out what was **giving off** such a horrible stench.

NOTAS